Abeunt. Rogantes aditum , continuo impetrant.
Consedit genitor tum Deorum maximus,
Quassatque fulmen : tremere cœpere omnia.
Canes confusi, subitus quod fuerat fragor,
Repente odorem mixtum cum merdis cacant.
Reclamant omnes, vindicandam injuriam.
Sic est locutus ante pœnam Jupiter :
Legatos non est regis non dimittere,
Nec est difficile, pœnas culpæ imponere.
Non veto dimitti, verum cruciari fame,
Ne ventrem continere non possint suum.
Et hoc feretis pro judicio præmium.
Illi autem, qui miserunt vos tam futiles,
Nunquam carebunt hominis contumelia.
Ita nunc legatos exspectant et posteri.

Novum venire qui videt, culum olfacit.

ŒUVRES COMPLÈTES

DE

CH. PAUL DE KOCK.

TOME LXXVIII.

LA BULLE DE SAVON.

OEUVRES COMPLÈTES

DE

CH. PAUL DE KOCK,

84 VOLUMES IN-12.

PRIX NET : 1 FR. 50 C. LE VOL.

L'ENFANT DE MA FEMME, 2 vol.
GEORGETTE, OU LA NIÈCE DU TABELLION, 4 vol.
GUSTAVE, OU LE MAUVAIS SUJET, 4 vol.
FRÈRE JACQUES, 4 vol.
MON VOISIN RAYMOND, 4 vol.
M. DUPONT, OU LA JEUNE FILLE ET SA BONNE, 4 vol.
SOEUR ANNE, 4 vol.
CONTES EN VERS, 1 vol.
ANDRÉ LE SAVOYARD, 5 vol.
PETITS TABLEAUX DE MOEURS, 2 vol.
LE BARBIER DE PARIS, 4 vol.
LA LAITIÈRE DE MONTFERMEIL, 4 vol.
JEAN, 4 vol.
LA MAISON BLANCHE, 5 vol.
LA FEMME, LE MARI ET L'AMANT, 4 vol.
LA BULLE DE SAVON, OU RECUEIL DE CHANSONS, 1 vol. in-18, orné d'une vignette.
L'HOMME DE LA NATURE ET L'HOMME POLICÉ, 5 vol.
LE COCU, 4 vol.
MADELEINE, 4 vol.
UN BON ENFANT, 4 vol.
LA PUCELLE DE BELLEVILLE, 4 vol.
CONTES ET NOUVELLES, 2 vol.
THÉATRE, 4 vol.

Un volume séparé de chaque ouvrage se vend 2 francs

PARIS. — IMPRIMERIE DE BOURGOGNE ET MARTINET.
Successeurs de LACHEVARDIERE, rue du Colombier, 30.

LA BULLE
DE SAVON,

OU

CHOIX DE CHANSONS

PAR

CH. PAUL DE KOCK.

« Pour s'élever jusqu'au Parnasse
» Il est mille chemins divers ;
» Je sais qu'en *ballon* on s'y place :
» Et je pars au milieu des airs. »

ARMAND GOUFFÉ.

PARIS.
GUSTAVE BARBA, LIBRAIRE,
ÉDITEUR DES ŒUVRES DE P. GAULT-LEBRUN ET DE PAUL DE KOCK
RUE MAZARINE, 34. F. S.-G.
1835.

LA BULLE
DE SAVON.

CHANSON-PRÉFACE.

AIR *du vaudeville de* l'Intrigue à la hussarde.

De gais enfans du vaudeville,
Dont les refrains sont répandus,
Ont jadis lancé par la ville
Ballons d'essai, ballons perdus;
Pour moi, ce serait trop de chose
D'avoir à gonfler un ballon,
Et ce n'est qu'en tremblant que j'ose
Souffler ma bulle de savon.

Cette bulle dans un concile
Ne fut pas un droit discuté,
La morale en est très facile,
Elle a pour dogme la gaîté;
Jadis quelques bulles sur terre
Ont mis de la division,

Mais on n'allume point la guerre
Avec des bulles de savon.

Ma chère bulle, je t'en prie,
Dirige-toi du bon côté;
Reprends une nouvelle vie
Dans le souffle de la beauté;
Mais dans les airs où je te lance,
Si tu ne fuis pas l'aquilon,
C'en est fait de ton existence!
Adieu ma bulle de savon.

JE N'EN SUIS PLUS

A MON PREMIER AMOUR.

AIR : *J'entends au loin l'archet de la Folie.*

O toi qui fus ma première maîtresse,
Chère Suzon, que je te trouvais bien !
Il m'en souvient, je t'admirais sans cesse;
A mon avis il ne te manquait rien.
J'ai vu, depuis, beaucoup de belles femmes!
Mais maintenant, en leur faisant la cour,

Je vois fort bien ce qui manque à ces dames...
Je n'en suis plus à mon premier amour. (*bis.*)

Pourtant, Suzon était un peu petite;
Moi, je disais : Elle en sautera mieux;
Son nez était fait en pied de marmite;
Je le trouvais malin comme ses yeux;
D'une maîtresse, à présent, je détaille
Les traits, les pieds, jusqu'au moindre contour;
Je vois bien vite un défaut dans sa taille...
Je n'en suis plus à mon premier amour.

Suzon sortait avec une cornette,
Jupe de toile, et fichu de Madras,
Ceinture en cuir complétait sa toilette,
Et j'étais fier de lui donner le bras.
Si, maintenant, celle que je promène
N'est pas coiffée et mise au goût du jour,
Je suis maussade, et je lui parle à peine...
Je n'en suis plus à mon premier amour.

Chez un traiteur modeste et solitaire
J'allais souvent dîner avec Suzon;

On nous servait un frugal ordinaire;
J'étais près d'elle, et tout me semblait bon ;
Avec ma belle, aujourd'hui, quand je dîne,
Je veux bons vins et bons mets tour à tour ;
Un plat manqué me fait faire la mine :
Je n'en suis plus à mon premier amour.

Près de Suzon on me voyait encore
De ma tendresse empressé de causer,
Six fois par jour lui dire je t'adore,
Et puis toujours prêt à recommencer ;
Mais, à présent, pour peindre mon délire ,
J'ai beau vouloir faire le troubadour,
Après deux mots, je n'ai plus rien à dire !
Je n'en suis plus à mon premier amour.

LA GLOIRE ET LA FORTUNE.
OU LE RÊVE D'UN PAUVRE DIABLE.

AIR *de la Boulangère.*

Une nuit, le diable m'offrit
La gloire et la fortune,

Me disant : « Le sort te sourit,
Choisis, mais n'en prends qu'une. »
La gloire était fort de mon goût,
Mais j'aimais la fortune
Beaucoup,
Oui, j'aimais la fortune.

Je dis au diable : « Éclaire-moi :
La gloire est moins commune;
Mais je voudrais, de bonne foi,
Un bonheur sans lacune. »
Le diable alors me dit tout haut :
Choisis donc la fortune,
Nigaud,
Choisis donc la fortune. »

« Mais je voudrais être cité
De Rome à Pampelune,
Par tous nos poètes chanté,
Et plutôt deux fois qu'une. »
Le diable alors me répondit :
« On trouve à la fortune
L'esprit,
Choisis donc la fortune. »

Je dis au diable : « J'aime encor
Et la blonde et la brune ;
La gloire vaut-elle bien l'or
Pour séduire chacune ? »
« Non me répondit le démon,
Prends plutôt la fortune,
Fripon,
Prends plutôt la fortune. »

« Mais, repris-je, j'avais pour but
La scène ou la tribune :
Puis, j'arrivais à l'Institut
Sans clameur importune,
« Eh bien, répondit Lucifer,
Prends toujours la fortune,
Mon cher,
Prends toujours la fortune. »

En m'écriant : « Je te choisis,
Séduisante fortune, »
Je m'éveillai, mais je ne vis
Qu'un fort beau clair de lune ;
Et j'attendrai long-temps, je croi,

La gloire et la fortune
Chez moi,
La gloire et la fortune,

ENCORE UN MOMENT.

Air à faire.

«Quittons-nous, mon ami, dit la tendre Lisette,
C'est demain qu'à l'autel je reçois ton serment;
—Oui, mais avant demain, chère Lise, en cachette,
Ne pouvons-nous causer tous deux dans ta chambrette?
Reste encore un moment.»

Le grand jour est venu : Lise, encor plus jolie,
A l'autel a reçu la main de son amant;
Le soir, il veut du bal emmener son amie,
Mais Lise, qui rougit, lui dit : «Je t'en supplie,
Reste encore un moment.»

Dans les bras de l'hymen bientôt l'amour sommeille;
Le mari, le matin, s'échappe promptement.
vainement Lise, alors, qui soupire et s'éveille,

Cherche à le retenir, et lui dit à l'oreille :
« Reste encore un moment. »

LA FOSSETTE.

AIR : *Ma Tante Urlurette.*

De la belle qui nous plaît
Nous célébrons chaque trait :
Je chante de ma brunette
La fossette (*bis.*)
Que j'aime en Lisette.

Que de dames du grand ton
Voudraient avoir au menton
Cette marque si bien faite
En fossette,
Comme ma Lisette !

Ce petit trou séduisant,
Lui donne un air agaçant ;
On lorgne de la coquette
La fossette,
Charme de Lisette.

Chaque femme a des cheveux,
Un nez, des dents et des yeux,
Mais je vois mainte fillette
Sans fossette,
Comme ma Lisette.

On peut farder ses appas,
Grossir ses jambes, ses bras,
Mais on ne peut faire emplette
De fossette,
Comme ma Lisette.

Auprès d'un minois joli,
Je serai toujours poli,
Mais qui me met en goguette?
La fossette
Que j'aime en Lisette.

Quel est ce charmant endroit
Où l'on peut mettre le doigt,
Et faire un nid d'amourette?
La fossette
Que j'aime en Lisette.

Devant un si joli trou,
Moi, je fléchis le genou,
Prêt à baiser en cachette
La fossette
Que j'aime en Lisette.

O ma belle, si tu veux
Que je sois toujours heureux,
A d'autres jamais ne prête
Ta fossette,
Ma chère Lisette.

SUR

LA MORT DU PEINTRE DAVID.

AIR : *T'en souviens-tu ? disait un capitaine.*

Du Nord ici quel bruit vient se répandre?
Vaine douleur ! ô regrets superflus !
Dans le tombeau David vient de descendre ;
Un grand artiste, un grand peintre n'est plus.
Mais j'aperçois au temple de mémoire
La renommée inscrivant ses succès,

Tracer ces mots, que répète la gloire :
« Ton nom, David, ne périra jamais. »

Toi, qui créas *Brutus*, les *Thermopyles*,
Dont pour modèle on prendra les tableaux,
Vois, ici-bas, tes élèves dociles,
Vers le vrai beau diriger leurs pinceaux ;
Entends leurs voix, ils couronnent ta tête,
C'est de lauriers et non pas de cyprès,
Car chacun d'eux en te pleurant répète :
« Ton nom, David, ne périra amais. »

Si dans l'exil tu finis ta carrière,
Si l'étranger fut plus heureux que nous,
A ta patrie, en fermant ta paupière,
Ton cœur donnait un dernier rendez-vous.
Ah ! ne crains pas qu'un jour elle t'oublie !
Par le talent tu fus toujours Français ;
L'artiste meurt, mais non pas son génie.
« Ton nom, David, ne périra jamais. »

LA PROMENADE A ANE.

Chansonnette historique, qui fera voir aux demoiselles les dangers que court l'innocence en allant au galop.

Air : *Quand Vénus sortit de l'onde.*

C'est au bois de Romainville
Qu'un séducteur trop habile
Par une grande chaleur,
Devint maître de mon cœur.
Il se peut qu'on me condamne ;
J'en conviens de bonne foi,
Je voulus avoir un âne,
Auguste vint avec moi. (*bis.*)

Nous vîmes dans la campagne
Un baudet et sa compagne.
Sur l'ânesse, mon amant,
S'enfourcha très lestement ;
Puis Auguste, avec malice,
M'offrit le gros *asinus* ;
Moi, j'étais simple et novice,
Et je me campai dessus.

Auguste, avec sa bourrique,
Qu'il pousse, fouette et pique,
Caracole autour de moi
Sans montrer aucun effroi;
Tout en trottant, il me glisse
Un aveu tendre et charmant !..
Ah Dieu! comme l'exercice
Nous prépare au sentiment!

Je tire de gauche à droite,
Mais dans une route étroite
Mon âne va se fourrer,
Il veut toujours se cabrer.
Je vais être la plus forte ;
L'ânesse vient à crier,
Zeste, mon âne m'emporte
Auprès de mon cavalier,

Dans cette course rapide,
Ma main a lâché la bride ;
En sautant sur mon baudet,
Le vent m'ôte mon bonnet ;
Vainement je me rajuste,

Je glisse sur le gazon....
Et je tombe près d'Auguste,
La tête sous mon jupon.

Sans songer à ma monture,
Profitant de l'aventure,
Mon amant, à mes côtés,
Veut prendre... des libertés;
Il m'embrasse, je me damne!
Il me conte ses amours,
Je crie : arrêtez donc l'âne!
Mais le traître va toujours.

Quand je retrouvai ma tête,
Devant moi je vis ma bête;
Mais mon âne était changé :
Il paraissait corrigé;
Pour revenir, moins timide,
Je voulus monter dessus,
Et je lui lâcha la bride....
Mais il ne se cabra plus.

LES DEUX VOYAGEURS.

AIR : *A voyager passant sa vie*, ou *Air nouveau de M. H. Berton.*

Dans la carrière de la vie,
Jetés tous deux par le destin,
L'amitié de l'amour suivie
Se trouvent un jour en chemin.
Vers le plaisir chacun voyage,
Se donnant parole au retour.
Car de l'amitié c'est l'usage
D'aller moins vite que l'amour.

En folâtrant l'amour avance,
Il aime à voyager sans frein;
L'amitié marche avec prudence,
Et sonde d'abord le terrain;
Fuyant toute route nouvelle,
Lorsque l'autre prend un détour,
L'amitié jamais ne chancelle,
Souvent le pied glisse à l'amour.

Sur sa route le dieu de Gnide

Fait parfois répandre des pleurs :
Suivant le penchant qui le guide,
Il cueille les plus belles fleurs;
Au gré de son humeur bizarre,
A chacun il fait quelque tour;
Mais l'amitié vient, et répare
Les fautes que commet l'amour.

Le premier, le volage arrive
Au but, objet de son désir;
L'amitié, toujours plus tardive,
Ne vient qu'après chez le plaisir.
Elle y cherche le téméraire,
Mais il n'était resté qu'un jour :
Le plaisir avait eu beau faire,
Il n'avait pu fixer l'amour.

DEPUIS QUE JE NE TE VOIS PLUS.

AIR *du vaudeville de Psyché*, ou *Air nouveau de M. Voizel.*

C'en est donc fait, ma Virginie,
Pour jamais tu veux me quitter;

Ce qui m'étonne, mon amie,
C'est de souvent te regretter.
Quand tu me prouvais ta tendresse,
Tes soins étaient fort mal reçus;
Mais je voudrais te voir sans cesse....
Depuis que je ne te vois plus.

Chaque jour avec indolence,
Auprès de toi, je me trouvais;
Mes yeux, avec indifférence
Voyaient tes grâces, tes attraits;
Aujourd'hui je leur rends les armes;
Mes sens, d'y penser, sont émus!...
Et je vois en toi mille charmes!...
Depuis que je ne te vois plus.

Lorsque nous causions, il me semble,
Que je te trouvais peu d'esprit;
Et nous passions une heure ensemble,
Parfois sans nous être rien dit:
A présent, combien je soupire
Après tous ces momens perdus!...

J'ai mille choses à te dire
Depuis que je ne te vois plus.

Souvent tu me disais ; « Je t'aime ! »
Et cela me touchait fort peu ;
Mon cœur, je te l'avoûrai même,
Répondait mal à cet aveu.
Maintenant quel feu me dévore !
Tous mes désirs sont revenus !...
Enfin je sens que je t'adore
Depuis que je ne te vois plus.

L'HOMME SANS SOUCI.

Air du vaudeville de l'Actrice.

Le hasard, de mon existence
A presque toujours fait les frais :
Le hasard me donna naissance,
Et même d'assez jolis traits ;
D'une heureuse philosophie
Ayant aussi ma bonne part,
Pour passer plus gaîment ma vie,
Moi, je compte sur le hasard.

Le hasard donne la fortune,
Quelquefois même les grandeurs;
Chassant toute crainte importune,
Moi, j'attends en paix ses faveurs;
Souvent le talent, le mérite,
Obtiennent à peine un regard!
Si les sots parviennent plus vite,
C'est que l'on doit tout au hasard.

Qu'un homme vante près des dames
Son respect, sa fidélité;
Qu'un autre maudise des femmes
Les ruses, la légèreté;
Moi, je ne fais près d'une belle,
Ni le Caton, ni le caffard;
Pour en trouver une fidèle,
J'en aime plusieurs au hasard.

Si j'épouse femme gentille,
Au hasard je la choisirai;
Pour être père de famille,
Au hasard je m'en remettrai.
Je sais bien que de ma carrière

Le terme viendra tôt ou tard !
Mais jusqu'à la fin on espère
Quand on s'abandonne au hasard.

LE DROIT
DU CHATELAIN DE BÉTHIZY.

CHANSONNETTE HISTORIQUE.

AIR *du Ballet des Pierrots*.

Dans le bon vieux temps, maint usage
Attestait les droits du seigneur ;
Droits de cuissage et de jambage
Étaient alors fort en vigueur.
Parmi ces usages très drôles,
Écoutez un peu celui-ci,
Que j'ai trouvé sur les contrôles
Du châtelain de Béthizy.

Lorsque passait dans son domaine
De ces filles au doux minois,
Que le plaisir souvent entraîne,
Qui de l'amour suivent les lois,

Il fallait qu'alors la petite
Allât, sans marquer nul souci,
Payer quatre deniers, bien vite,
Au châtelain de Béthizy.

Quatre deniers! allez-vous dire,
Ce n'est là qu'un droit fort petit;
Pour moi, je trouve que le sire
Devait en tirer grand profit;
Songez donc que toute amourette
Étant par là taxée aussi,
On enflait souvent la cassette
Du châtelain de Béthizy.

De crainte que par quelques belles
L'usage ne fût oublié,
Le seigneur guettait toutes celles
Qui n'avaient pas encore payé.
Surveillant chaque tête-à-tête,
Que de choses il vit ainsi!...
Il n'était vraiment pas si bête
Le châtelain de Béthizy!

Chez nous si l'on voyait les filles

Pour un faux pas payer encor,
Nos Françaises sont si gentilles,
Qu'elles grossiraient le trésor ;
Pour moi, content de mon salaire,
Je serais riche, Dieu merci !
Si, dans Paris, je pouvais faire
Le châtelain de Béthizy.

UN BAISER DE MON FILS.

Air *Muse des Bois.*

Lorsque j'étais au printemps de ma vie,
Et que l'amour remplissait seul mon cœur,
Tendres faveurs d'une femme jolie
Étaient pour moi le suprême bonheur.
Ah ! j'ignorais qu'il fût dans la nature
Un sentiment plus parfait, plus exquis ;
Mais j'ai connu l'ivresse la plus pure
En recevant un baiser de mon fils.

Encor dans l'âge et d'aimer et de plaire,
Déjà mon fils m'occupe constamment,
Et, je le sens, le bonheur d'être père,

Est bien plus doux que celui d'être amant.
On est parfois trompé par ses maîtresses,
Soi-même on manque à ce qu'on a promis;
Mais nul soupçon ne se mêle aux caresses
En recevant un baiser de son fils.

Vous que je vois au sein de l'opulence,
Pour des grandeurs vous agiter encor,
Malgré votre or, malgré votre puissance,
Je ne saurais envier votre sort.
Vrais courtisans, chaque jour on vous trouve
De vains honneurs, de titres plus épris!
Connaissez-vous le bonheur qu'on éprouve
En recevant un baiser de son fils?

En vieillissant nous ne sentons plus naître
Ce feu brûlant que l'on appelle amour;
Ce feu plus doux, qu'un fils nous fait connaître,
Dans notre cœur s'augmente chaque jour;
Les cheveux blancs, s'ils éloignent les belles,
Rendent pour nous nos enfans plus soumis;
Et songe-t-on que le temps a des ailes
En recevant un baiser de son fils?

Jouets du sort, par un revers funeste,
En un instant il détruit nos projets;
Qu'il m'ôte tout, mais que mon fils me reste,
Sans murmurer j'attendrai ses décrets;
Tranquille alors à mon heure dernière,
Je me dirai : près de lui je finis,
Heureux encor de fermer ma paupière
En recevant un baiser de mon fils!

LE CHEVALIER ERRANT.

Air connu, de M. Mengal.

Dans un vieux château de l'Andalousie,
Au temps où l'amour se montrait constant,
Où beauté, valeur et galanterie
Guidaient au combat un fidèle amant,
Un preux chevalier un soir se présente,
Visière levée et la lance en main,
Il vient demander si sa douce amante
N'est pas, par hasard, chez le châtelain.

« Noble chevalier, quelle est votre amie?

Demande à son tour le vieux châtelain.
— Ah! de fleurs d'amour c'est la plus jolie!
Elle a teint de rose et peau de satin;
Elle a de beaux yeux, dont le doux langage
Porte en notre cœur plaisirs et tourmens!
Elle a tout enfin, elle est belle et sage.
— Pauvre chevalier, chercherez long-temps.

« Depuis qu'ai perdu cette noble dame,
N'ai plus de repos, n'ai plus de plaisirs!
En chaque pays, guidé par ma flamme,
Vais, cherchant l'objet de tous mes désirs;
Des Gaules j'ai vu les plaines fleuries,
Du Nord parcouru le climat lointain!
J'ai trouvé partout des femmes jolies;
Mais fidèle amie, hélas! cherche en vain.

« Guidez de mes pas la marche incertaine;
Verrai-je en tous lieux mes désirs déçus?
— Mon fils, votre sort, hélas! me fait peine,
Ce que vous cherchez ne se trouve plus;
Poursuivez pourtant votre long voyage,
Et, si rencontrez un pareil trésor,

Ne le perdez plus, adieu, bon courage. »
L'amant repartit, mais il cherche encor.

ELLE ÉTAIT SI JOLIE.

AIR : *Elle avait tout pour plaire.*

J'ai perdu le cœur de Zélie;
D'un autre elle écoute les vœux,
En rompant le nœud qui nous lie,
Je brûle encor des mêmes feux...
Elle était si jolie!

Par ses travers même embellie,
Elle unissait pour nous charmer
L'esprit, la grâce à la folie;
Pouvait-on la voir sans l'aimer?
Elle était si jolie!

Quand son abandon m'humilie,
Quand elle trahit nos amours,
Je sens qu'il faut que je l'oublie,
Et pourtant j'y pense toujours...
Elle était si jolie!

Mais trouve-t-on femme accomplie?
Une autre me trompera mieux!
Autant valait garder Zélie,
L'adorer et fermer les yeux...
Elle était si jolie!

PROFESSION DE FOI
D'UN AMATEUR DU BEAU SEXE.

Air : *J'ons un curé patriote.*

J'entends dire à mainte dame
Que le cœur ne fait qu'un choix,
Que d'une sincère flamme
Il ne brûle qu'une fois;
Par de beaux yeux enjôlé
Mon cœur a souvent brûlé,
Et toujours,
Oui, toujours,
Comme à mes premiers amours,
Tout comme à mes premiers amours.

Brûle-t-on d'amour extrême,

On croit qu'il n'a point d'égal;
Mais toutes les fois qu'on aime,
On n'en aime pas plus mal.
J'ai cent fois changé d'objet,
Et, chaque fois qu'on me plaît,
C'est toujours,
Oui, toujours,
Comme à mes premiers amours,
Tout comme à mes premiers amours.

Doux charme, bonheur suprême
Que me fit goûter Jenny!
Mon cœur t'éprouva de même
Dès que je connus Fanny;
Quand je vis Éléonor,
Je te ressentis encor,
Et toujours,
Oui, toujours,
Comme à mes premiers amours,
Tout comme à mes premiers amours.

On dit qu'on aime sans cesse
L'objet de ses premiers feux;

Moi, ma dernière maîtresse
Me semble toujours la mieux.
Tant que d'un autre tendron
Je n'ai pas vu l'œil fripon,
C'est toujours,
Oui, toujours,
Comme à mes premiers amours,
Tout comme à mes premiers amours.

De Chloé, charmante blonde,
J'aimais les jolis cheveux;
De Zoé la mine ronde,
De Rose l'air langoureux;
Je leur ai fait le serment
De les aimer tendrement,
Et toujours,
Oui, toujours,
Comme à mes premiers amours,
Tout comme à mes premiers amours.

Pourquoi n'aimer qu'une belle,
Puisqu'elles ont mille appas?
Au bordeaux est-on fidèle

Dans un excellent repas ?
Beaune, Chambertin, Pomard,
Tous nous semblent du nectar !
C'est toujours,
Oui, toujours,
Comme nos premiers amours;
Tout comme nos premiers amours.

C'est un banquet que la vie,
Amis, pour qu'il soit joyeux,
Il faut que l'on y convie
Jeunes femmes et vins vieux.
Mais ayons de quoi choisir,
Cela fait que le plaisir
Est toujours,
Oui, toujours,
Comme à nos premiers amours,
Tout comme à nos premiers amours.

LES DÉSIRS
D'UN AMANT... D'AUTREFOIS.

Air à faire.

Viens, ô mon Isaure,
Viens près du torrent,
Qu'à peine colore
Un soleil mourant.
Une onde légère
Mouille ces roseaux;
Tu trembles, ma chère,
Au bruit de ces eaux;
Cet endroit est sombre,
Mais qu'importe l'ombre!
Pour parler d'amour
Cherche-t-on le jour?

Viens, ô mon Isaure,
Viens sous ce rocher,
Où nul être encore
N'a su nous chercher;

De ce lieu sauvage
Tu crains la fraîcheur,
Reste davantage
Tout contre mon cœur.
Cet endroit est sombre,
Mais qu'importe l'ombre!
Pour parler d'amour
Cherche-t-on le jour?

Viens, ô mon Isaure,
Viens dans la forêt,
Tout le monde ignore
Ce sentier secret.
Cette hèrbe fleurie
Par ton pied mignon
Doit être flétrie;
Viens sur ce gazon;
Cet endroit est sombre,
Mais qu'importe l'ombre!
Pour parler d'amour
Cherche-t-on le jour?

O ma chère Isaure!

Désirs superflus ;
Ce cœur qui t'adore
Voudrait encor plus :
Une grotte obscure
Où tu m'aimerais,
Un lit de verdure
Où tu dormirais ;
Et toute la vie
Pouvoir, mon amie,
Te parler d'amour
La nuit et le jour.

CADET BUTEUX

AU JARDIN TURC.

POT-POURRI.

Air de Préville et Taconnet.

Avec Manon, par un' belle soirée,
Je nous disons : Il faut prendre le frais ;
J' trouv'rons partout du café d' chicorée,
Dirigeons-nous vers le Marais. (*bis.*)
Au jardin Turc, lui dis-je, il faut nous rendre ;

Mets l' casaquin, vlà l'habit qu' j'ai risqué,
Pour entrer là, c'est qu' faut être musqué!
J'nous régal'rons : on dit qu'on peut y prendre
Ben des objets, dont l' prix n'est pas marqué.

AIR : *M: de Catinat.*

Alors, bras d'sus, bras d'sous, je prenons notre élan,
Et j' tombons à la porte du jardin du Sultan;
L'vétéran dit qu'Nanon a z'un fichu d'couleur,
Là d'sus, moi, je m'avance, et je lui chante en majeur:

AIR : *Une robe légère.*

Ce fichu, mon p'tit homme,
Suffit à ma Nanon,
Et pour avoir la pomme,
Je dis qu'elle a l' pompon!
A l'Opéra-Comique
Tu n'as donc pas été?
Apprends que le physique
Embellit la beauté.

Air du Galoubet.

Nous somm's dedans, (*bis.*)
Ma fine, ce n'est pas sans peine,

Il a fallu montrer les dents ;
Reprenons un peu notre haleine,
Nanon est heureuse comme une reine!...
Nous sommes dedans. (*bis.*)

AIR : *Dans les gardes françaises.*

J' voyons une terrasse
Où sont des gens bien mis,
J' voyons du mond' qui passe,
J'en voyons qu'est assis ;
Puis des cadets Eustaches
D' nous pousser trouv' moyen,
En criant : gar' les taches!
Quand ils ne portent rien.

AIR : *Ce mouchoir, belle Raymonde.*

Mais, ma Nanon, qu'aime l'ombre,
Dans un p'tit ch'min guid' mes pas ;
Là, j' voyons, quoiqu'il fass' sombre,
Plus d'un couple s' parler bas ;
Nanon s'arrête, j' la gronde,
Et j' lui dis, d'vant chaqu' bosquet :
« Ne dérangeons pas le monde,
» Laissons chacun comme il est. »

Air de l'Écu de six francs.

Nanon, qui fait tout c' qu'ell' voit faire,
S'écrie aussitôt : j' veux m'asseoir.
Je lui dis : voilà notre affaire,
Entrons dans ce bosquet tout noir. (*bis*)
Là, sur ce qui lui fait envie
J' dis à Nanon de réfléchir,
Ell' m' répond : Pour nous rafraîchir } (*bis*)
Prenons du punch à l'eau-de-vie. }

Air : Encore un quart'ron, Claudine.

Le punch flamb', moi, j'espère
Prendre un baiser, morbleu !
Et j' dis à la p'tit' mère,
Qui me résiste un peu :
On n'y voit qu' du feu,
Ma chère,
On n'y voit qu' du feu.

Air de la petite Sœur.

A côté d' nous, dans chaqu' bosquet,
Quoiqu'il ne brillât nulle flamme, (*bis*)
J'aperçûmes, grâce au quinquet,

Un monsieur brûler pour un' dame
Ils causaient de leurs sentimens,
Ça les altérait, je suppose,
Car ces messieurs, à tous momens,
Prétendaient prendre quelque chose. (*bis.*)

(Air : *Signora, Povera* (du Concert à la Cour.)

Mais à droite, on disait, à not' oreille,
« Voulez-vous
M'accorder un rendez-vous? »
— Ah! ah! ah! ah!... ah! ah! ah! ah!
— Je n'éprouvai jamais ardeur pareille!
Acceptez une glace, une groseille...
— Ah! ah! ah! ah!... ah! ah! ah! ah!

Même air.

Vlà qu'à gauch', l'homme dit à la bourgeoise,
Voulez-vous
Des cach'mir's et des bijoux?
—Ah! ah! ah! ah!... ah! ah! ah! ah!
—Vous vous taisez... goûtez ma bavaroise...
Le joli bras!... prenez une framboise...
—Ah! ah! ah! ah!... ah! ah! ah! ah!

AIR : *Faut-il qu'un homme soit, etc.*

A droite la femme répond :
« Voyez comme je suis émue !
Avec vous si je suis venue,
C'est que mon mari, dans le fond,
Mérite bien un tel affront.
Depuis un an il me délaisse ;
Monsieur prétend que son docteur
Lui défend la moindre tendresse...
Faut-il qu'un homme soit menteur !... » (*bis.*)

AIR : *Daignez m'épargner, etc.*

A gauche, le monsieur disait :
« Ma chère, je ne veux rien taire ;
Je suis marié, c'est un fait,
Mais ma femme ne saurait plaire ;
Elle a quarante ans bien sonnés,
Ce n'est pas que je la déteste !
Mais elle a les traits bourgeonnés,
Les cheveux roux, les yeux tournés...
Daignez m'épargner le reste. » (*bis*)

AIR : *Vite, vite, prenez le patron.*

« Faut, mon fils,

Des époux assortis,
M' dit Nanon,
En croquant l' macaron,
Je t'aim', mais!
Si tu m' trompais
Jamais,
Je t'estropirai,
Je te tûrai,
Vrai.
—Nanon, un baiser,
—Veux-tu m' laisser!
Voilà les garçons
Qui rôdent dans les environs.
—Un baiser, j' te dis;
—C' n'est pas permis...
Est-il libertin,
Est-il taquin!...
Dieu! queu lutin!
—J' l'aurai bien...
—Tu n'auras rien,
Vaurien. »
V'la-t-il pas

Qu'alors, en jouant des bras,
Patratas !
J' fais rouler à quatr' pas
De d'sus la table sur le sol
L' bol !

AIR *des Trembleurs.*

Nanon crie, elle est fâchée ;
Ell' dit que je l'ai tachée,
Ell' s'était endimanchée
Pour venir au boulevart.
Effrayés de ce tapage,
Les couples du voisinage
Sortent de dessous l'ombrage
Pour soupirer autre part.

AIR : *Ciel ! l'univers : etc.*

Mais qu'est-ce donc ? on se chante une gamme,
Près du quinquet les amans s'trouvant tous ;
A gauche on dit : « C'est ma femme ! »
A droite : « C'est mon époux !
— Perfide ! — Infâme !
Crains mon courroux ! »

Sont-ils bêt's, dit Nanon,
Eh! pourquoi donc
Prendre ce ton?
I's d'vraient soudain
S' donner la main.

Air du Mirliton.

Qu' faisiez-vous ici, madame?
Dit le mari furibond.
« Monsieur, lui répond sa femme,
J'apprenais de ce beau blond
L'air du mirliton,
Mirliton, mirlitaine,
L'air du mirliton, ton, ton. »

Air : *Mes chers enfans, unissez-vous.*

« Mais vous, monsieur, dans c'bosquet-là,
Avec mamzell' qu'alliez-vous faire?
Vous me refusez l' nécessaire!
Et vous fait's ici des *extra!*
—Madam! mamzelle est un' vestale,
Qu' son pèr' me laiss' prom'ner les soirs.

Pour que j' l'instruis' sur les devoirs
De la piété filiale. (*bis.*)

Air : *Oh ! oh ! oh ! oh ! ah ! ah ! ah ! ah !*

Durant l' colloque précédent,
Le blond et la d'moiselle
Jugèrent qu'il était prudent
De n' pas s' mêler d' la qu'relle ;
Laissant les autres s'tirer d' là,
Zeste, chacun d'eux s'en alla,
Fila.
Oh ! oh ! oh ! oh ! ah ! ah ! ah ! ah !
Les époux restèr'nt comm' baba.

Air du *Fleuve de la vie.*

Par les chers objets de leur flamme
S' voyant alors abandonnés,
Monsieur prend le bras de madame,
Ils ont tous les deux un pied d' nez.
En songeant au nœud qui les lie,
Ils dis'nt : qu' c'est divertissant
De descendre, en se haïssant,
Le fleuve de la vie !

Air : *J'ons un curé patriote.*

Nanon, qu'est toute fripée,
M' dit : Sortons d'ici, Cadet,
J'aime ben mieux la Râpée,
On y voit ce qu'on y fait.
Quand tu me promèneras,
Quand tu me régaleras,
C'est fichu!
C'est là qu' tu
C'est là qu' tu m'emmèneras,
Oui, c'est là qu' tu m'emmèneras.

Air *de la Croisée.*

J' partons, et d'un air gracieux
A mon bras Nanon se balance;
Mais de c' que j'ons vu dans ces lieux
Je tirons cette conséquence :
Epoux d'un minois agaçant,
Redoutez-y les infortunes!
Car au jardin Tnrc, le Croissant
N'est pas là pour des prunes.

MA LISETTE, QUITTONS-NOUS.

AIR : *Depuis long-temps j'aimais Adèle*, ou *Air de M. Etienne Voiset.*

Quittons-nous, mon aimable Lise,
Ton cœur ne peut se corriger ;
Crois-moi, tu te seras méprise
En jurant de ne plus changer.
Ta bouche, toujours avec grâce,
Dit que j'ai tort d'être jaloux ;
Mais pour moi tes yeux sont de glace !...
Tiens, ma Lisette, quittons-nous.

Lorsque dans un tendre délire
Tu jurais de m'aimer toujours,
Ton âme ne pouvait suffire
A tes transports, à nos amours.
Ta main, alors, cherchait la mienne,
La presser te semblait bien doux !
Maintenant je cherche la tienne...
Tiens, ma Lisette, quittons-nous.

Jadis le temps passait bien vite !

Cependant nous n'étions que deux;
Mais ta chambre, quoique petite,
Suffisait pour nous rendre heureux.
Maintenant, tu regardes l'heure
Au lieu de pousser les verroux!...
L'ennui pénètre en ta demeure...
Tiens, ma Lisette, quittons-nous.

Mais ne crains pas que je te blâme,
On n'est point maître de son cœur;
Demain, peut-être, une autre femme
Doit m'inspirer une autre ardeur;
Alors tes charmes, que j'adore,
Dans mon cœur s'effaceraient tous;
Ah! pendant que je t'aime encore,
Tiens, ma Lisette, quittons-nous.

PLUS ON EST D'AMIS, PLUS ON BOIT.

Chanson de table faite pour une réunion d'artistes.

Air : *Francs buveurs que Bacchus inspire.*

Loin de nous, chassant l'humeur noire,
Tous, gais artistes, bons vivans,

Aimant à chanter, rire et boire,
Nous nous rassemblons tous les ans.
A nous un ami s'incorpore,
Avec plaisir on le reçoit,
Nous en trinquerons mieux encore,
Plus on est d'amis (*bis*), plus on boit.

Le plaisir fuit la solitude,
Pour le trouver vive un banquet!
Où, se délassant de l'étude,
On chante gaîment son couplet.
A trinquer un ami m'engage,
J'en vois deux, mon plaisir s'accroît;
J'en vois dix, je bois davantage.
Plus on est d'amis (*bis*), plus on boit.

La vigne date du déluge;
Noé, patriarche divin,
Quand vint la fin de ce grabuge,
Dit : « Assez d'eau, songeons au vin. »
C'est grâce à lui qu'on se rassemble,
A notre amour il a bien droit;
Vivons en paix, choquons ensemble,
Plus on est d'amis (*bis*), plus on boit.

Que l'on se boxe en Angleterre,
Qu'à Rome on aille faire un vœu,
Qu'en Chine on se fasse la guerre,
Nous nous en soucions fort peu.
Pour s'égayer le Français chante,
Ici, Messieurs, pour tout exploit,
Au lieu d'un coup, buvons-en trente.
Plus on est d'amis (*bis*), plus on boit.

Que chacun boive à sa maîtresse,
Et même il serait bien, je crois,
De boire aussi, par politesse,
A nos maîtresses d'autrefois;
Par ce moyen, jusqu'à l'aurore,
Nous resterons en cet endroit,
Et demain nous dirons encore
Plus on est d'amis (*bis*), plus on boit.

ÉLOGE DES CHEVEUX ROUX.

Air du Ballet des Pierrots.

Nous voyons chacun dans ce monde
Avoir ses penchans favoris;

L'un adore une femme blonde,
Des brunes un autre est épris;
Les cheveux châtains ont fait naître
Tendres soupirs, aveux bien doux;
Moi, je vous surprendrai peut-être,
Mais je suis pour les cheveux roux.

En se promenant dans la ville,
A chaque pas on voit marcher
Des blondes, des brunes par mille!
Les rousses, il faut les chercher;
Suivez-vous gentille brunette,
Vingt jeunes gens font comme vous;
Mais on voit plus souvent seulette
La jeune fille aux cheveux roux.

Tarquin adorait de Lucrèce
L'air noble, le nez aquilin;
Catulle adorait de sa maîtresse
Le joli bras et l'air malin;
Ce fut pour les beaux yeux d'un pâtre
Qu'Hélène trompa son époux,

Mais Antoine, de Cléopâtre
Aimait surtout les cheveux roux.

S'il faut en croire un vieil adage,
Les yeux sont le miroir du cœur;
Les cheveux prouvent davantage,
Et je juge sur leur couleur :
La blonde est souvent nonchalante,
La brune se met en courroux,
Mais l'âme doit être brûlante
Lorsque l'on a les cheveux roux.

LA PEUREUSE.

Air du beau ciel de l'Occitanie.

Nous habitons une chaumière
Sur la colline, au bord de l'eau;
Là, seule, auprès de ma grand'mère,
Dans le jour tout me semble beau;
Mais dès que la nuit devient sombre,
La paix s'éloigne de mon cœur;

Je tremble en regardant mon ombre,
Et de tout je sens que j'ai peur.

Du chêne dont j'aime l'ombrage,
Quand le soleil est trop ardent,
Le soir je fuis l'aspect sauvage;
Il me semble voir un géant.
Sous le bosquet, où, dès l'aurore,
Chanter, jouer, fait mon bonheur,
Quand il fait nuit je tremble encore,
Et de tout je sens que j'ai peur.

Le matin je cours la campagne
Sans redouter aucun danger,
Mais le soir la frayeur me gagne
Rien que pour aller au verger.
Le vent qui souffle le feuillage,
Au loin, les pas du laboureur,
Jusqu'à la cloche du village,
Ah! de tout je sens que j'ai peur.

Le matin sur l'herbe fleurie
Avec Colin j'aime à causer,

Souvent même, quand il m'en prie,
Je lui permets de m'embrasser;
Mais le soir, pour faire l'aimable,
Chez nous, s'il frappe avec douceur,
Je dis : N'ouvrons pas, c'est le diable !
Car de tout je sens que j'ai peur.

Ah ! comme je suis malheureuse
Quand vient l'heure de se coucher !
Jusqu'à mon lit, toute honteuse,
Je vais en m'écoutant marcher;
Si j'entends le moindre murmure,
Tout habillée, avec terreur,
Je me mets sous ma couverture,
Et là, toute la nuit j'ai peur.

LE RETOUR.

Air d'Aristipe.

Je te revois, mais tu n'es plus la même,
Entre nous deux que s'est-il donc passé ?
Auprès de moi, ta froideur est extrême,

Tes yeux distraits, ton air embarrassé;
Pour oublier les ennuis de l'absence
A te revoir quand j'ai su parvenir,
Si tu n'as plus que de l'indifférence...
Devais-tu donc me laisser revenir!

Quoique éloigné, je te voyais sans cesse,
Ton souvenir me suivait en tous lieux;
Je te rêvais me prouvant ta tendresse,
Me répétant le plus doux des aveux;
Je te voyais versant encor des larmes
Quand il fallut loin de toi me bannir!...
L'illusion du moins avait des charmes...
Devais-tu donc me laisser revenir!

Tu n'aimes plus... mais quel trouble t'agite?
Ton front rougit, j'entends trembler ta voix;
Plus oppressé déjà ton sein palpite,
Et ton regard devient comme autrefois.
Mais ô douleur!.. Un autre amour t'enchaîne...
Ce doux regard, je n'ai pu l'obtenir!
Ah! pour me faire éprouver tant de peine,
Devais-tu donc me laisser revenir!

LA BIENFAISANCE,

OU HONNI SOIT QUI MAL Y PENSE.

AIR : *Pensez à moi.*

Faites le bien, (*bis.*)
C'est ce que je dis à la ronde.
Contre le destin chacun gronde;
Moi, d'être heureux j'ai le moyen,
Imitez-moi, jeunesse aimable,
Pour trouver le temps supportable,
Faites le bien. (4 *fois.*)

Faites le bien,
Vous qui, malgré votre richesse,
Rongés par l'ennui, la paresse,
Goûtez tout sans jouir de rien;
Si vous voulez qu'on vous honore,
Vous pouvez être heureux encore,
Faites le bien.

Faites le bien,
Femmes, dont l'époux est volage,

De son trésor faites usage,
Puisqu'il n'en reste pas gardien;
Si l'inconstant vous abandonne,
Pour chasser l'ennui qu'il vous donne,
Faites le bien.

Faisons le bien,
Me disait certaine dévote,
Encor jolie, et point bigote,
Dont j'obtenais un entretien;
« Dieu! que c'est beau la bienfaisance!
Ah! monsieur, quelle jouissance!
Faisons le bien. »

Faisons le bien,
Répète cette douairière,
Elle se marie à Gros-Pierre,
Et dit en lui passant son bien:
« Soyez riche, c'est mon envie,
Mais avec moi toute la vie
Faites le bien.

Faites le bien,
Vous qui fûtes jadis grisette,

Vous portez béret, plume, aigrette,
Vous avez un luxe indien !
Mais du temps de votre indigence,
Si vous conservez souvenance,
Faites le bien.

Faisons le bien,
Dira toute femme sensible,
Au malheur elle est accessible,
Dût-elle obliger un vaurien.
En France, en Prusse, en Italie,
Que répète femme jolie ?
« Faisons le bien. »

Faites le bien,
Jeunes gens, voilà ma morale,
Évitez le bruit, le scandale,
Au pauvre servez de soutien ;
A la beauté voulez-vous plaire,
Soyez galans, sachez vous taire,
Faites le bien.

LA MARGUERITE.

AIR *de M. Voizel.*

Gentille jouvencelle
Compte à peine seize ans;
Déjà son cœur recelle
D'amour chagrins naissans.
Sur son sein qui palpite,
Est une marguerite,
Cette fleur, qui dit tout,
Répond à la petite :
« On t'aime un peu, beaucoup. »

Celui qui sut lui plaire
Déclare son amour,
Et la naïve Claire
Promet tendre retour;
Puis, voulant en cachette
Voir si feu d'amourette
Durera constamment,
Prend la fleur qui répète :
« Oui, passionnément. »

Raison nous abandonne
Quand amour est vainqueur;
La bergère se donne
A l'ami de son cœur.
Notre pauvre petite
De l'amour qui l'agite,
Sent s'accroître le feu,
Mais, las! la marguerite
N'en promet plus qu'un peu.

La pauvrette attristée
Vient aux champs chaque jour,
Mais la fleur, consultée,
N'annonce plus d'amour.
Vous qui de la tendresse
Goûtez la douce ivresse,
Conservez votre erreur,
Après une faiblesse
N'effeuillez plus la fleur.

L'AMOUR ET LE DIABLE.

Air de M. Milhès, ou d'Une heure de Mariage, ou Ne vois-tu pas jeune imprudent.

On prétend qu'avec Lucifer
L'amour a des intelligences,
Et que chez le diable, en enfer,
Il a souvent des conférences.
Ces deux méchans, quittant leur cour,
Font sur terre maint tour pendable!
Et l'on dit même que l'amour
Quelquefois ne vaut pas le diable.

N'attendez d'eux nulle pitié,
Partout il leur faut des victimes;
Sous le masque de l'amitié,
Parfois l'amour commet des crimes;
Le démon, qui craint le grand jour,
Dans la nuit vient faire l'aimable,
On croit ne céder qu'à l'amour,
Et souvent on se donne au diable.

Jeunes filles, craignez l'amour;
Pauvres maris, craignez le diable;
C'est le cœur qu'attaque l'amour,
C'est le corps qu'attaque le diable.
Mais enfin, s'il faut à son tour
Que chacun de nous soit coupable,
Soyons-le tant avec l'amour,
Qu'il ne reste rien pour le diable.

LE CHANSONNIER FRANÇAIS.

AIR : *Un grenadier c'est une rose.*

Éprouvant la douce influence
Du sol heureux qui l'a porté,
Aux vieux tensons, à la romance,
Préférer franchise et gaîté; (*bis.*)
Aimant le vin à la folie,
Son pays autant que sa vie,
Et les dames avec excès; (*bis.*)
Voilà le chansonnier français.

Repousser le ton romantique,

Rire du nom de troubadour,
Préférer la ronde au cantique,
Faire au moins dix couplets par jour;
Se dire en accordant sa lyre,
Pourvu que la gaîté m'inspire,
Mes refrains auront du succès;
Voilà le chansonnier français.

Célébrer la blonde et la brune;
Mais, tout en chantant les amours,
Trouver aussi pour l'infortune
Et des larmes et des secours;
A l'invalide sans ressource
Offrir et sa plume et sa bourse,
Cacher avec soin ses bienfaits;
Voilà le chansonnier français.

Le matin, quitter sa demeure
En cherchant un refrain nouveau;
Trouver la rime, oublier l'heure,
Marcher souvent dans le ruisseau;
Parler tout seul d'un air comique,
Se jeter dans une boutique,

Rire des dégâts qu'il a faits,
Voilà le chansonnier français.

Mais en voyant une grisette,
Au doux minois, à l'air coquet,
Sur les beaux yeux de la fillette
Faire sur-le-champ un couplet;
Le lui chanter, d'un air bien tendre;
Puis, en causant, tâcher d'apprendre
Si chez elle on aurait accès...
Voilà le chansonnier français.

Loger parfois dans la mansarde,
Savoir y narguer le chagrin;
Au lieu de la harpe d'un barde,
S'accompagner sur un crincrin;
Enfin, à la table d'un prince
Préférer un repas fort mince,
Dont l'amitié ferait les frais;
Voilà le chansonnier français.

LA VIEILLE DE SEIZE ANS.

AIR de *M. Panseron*, ou *Jeunes beautés au regard tendre.*

Rêves heureux de ma jeunesse,
Vous me promettiez le bonheur,
A quinze ans j'en connus l'ivresse,
Et Charles posséda mon cœur ;
Mais le doux charme de ma vie,
Hélas ! n'a duré qu'un printemps !
Celui que j'adore m'oublie...
J'ai cessé de plaire à seize ans.

Quand il me nommait son amie,
Il vantait mes faibles appas ;
Le plaisir me rendait jolie
Lorsqu'il me pressait dans ses bras ;
Mais, hélas ! je n'ai plus de charmes
Depuis qu'il trahit ses sermens...
Mes yeux sont éteints dans les larmes ;
J'ai cessé de plaire à seize ans.

Trop courts instans de son délire

Où je savais me faire aimer!
Près de Charles en vain je soupire,
Je n'ai plus rien pour le charmer!
Pourtant mon cœur ne peut se taire,
Pour l'ingrat il bat, je le sens...
Ah! devrait-on cesser de plaire
Puisqu'on aime encore à seize ans?

LES ESPRITS.

AIR : *Quand les bœufs vont deux à deux* (de Richard).

Dût-on rire de moi,
Je l'avoûrai de bonne foi,
Souvent je me suis surpris
A regretter les esprits.

Dans le temps de la magie
Des sorciers, de la féerie,
Par un fortuné destin,
A minuit, dans sa chambrette,
On pouvait sur sa couchette
Trouver un petit lutin.
Dût-on rire, etc.

On était inexorable
Pour tous les suppôts du diable,
Et souvent on en brûla;
Mais depuis qu'on les délaisse,
Depuis qu'en paix on les laisse,
Les sorciers nous laissent là!...
Dût-on rire, etc.

Chez cette vieille comtesse
Jadis on avait sans cesse
Quelques esprits sur ses pas;
Maintenant dans sa demeure
On se promène à toute heure,
Et l'on n'en rencontre pas!
Dût-on rire, etc.

Mourir et puis apparaître
Dans le plancher disparaître,
C'était jadis notre lot;
Maintenant quand on expire
On ne revient pas nous dire
Seulement un petit mot,
Dût-on rire, etc.

Le soir, aller à la cave
Annonçait quelqu'un de brave,
Cela faisait grand honneur ;
Maintenant il faut qu'on aille
Sous le feu de la mitraille
Prouver que l'on a du cœur.
Dût-on rire, etc.

Sous un aspect olivâtre
Un seul fantôme au théâtre
Faisait courir tout Paris ;
Mais on a changé de mode,
Nos auteurs trouvent commode
De ne plus montrer d'esprits.
Dût-on rire, etc.

Un revenant secourable
Nous disait : « Là, sous le sable,
Cherche, un trésor t'appartient. »
Mais, hélas ! argent, sagesse,
Constance, beauté, jeunesse,
Aujourd'hui rien ne revient.
Dût-on rire,

Que j'aille à la comédie
Ou même à l'Académie,
Entendre un discours fort beau,
D'un détracteur de Voltaire
Que je lise un commentaire,
Je répète de nouveau :

Dût-on rire de moi
Je l'avoûrai de bonne foi,
Souvent je me suis surpris
A regretter les esprits.

LE JEUNE SOLDAT.

Air *de M. Hippolyte Lhuillier, ou Amédée de Beauplan, ou* air *du Pauvre Berger.*

Ne vlà que six mois
Que j' port' l'uniforme,
Et les plus sournois
Disent que j' me forme ;
Je n' suis plus c' Jean-Jean
Qu'on trouvait si bête !
A tabl' j'ai d' la tête,

J' bats un rataplan;
J' fais du bruit comm' quatre,
Pour un rien j' veux me battre!
Aussi l' mond' dit-il
Que j' suis ben gentil.

Pour marcher au pas
J' n'ons pus la têt' dure,
J'arrondis les bras,
Je prends d' la tournure;
Je tends le jarret,
Et quand je m' dandine,
Dieu! que j'ai bonn' mine
Avec mon briquet!
Je walse avec grâces,
Je sais fair' des passes!
Aussi l' mond' dit-il
Que j' suis ben gentil.

Quand le régiment
Pass' dans un village,
J' mets en un moment
Un' ferme au pillage;

Poulets et dindons
Je vous prends en traître,
On n' voit plus r'paraître
Ceux que j'abordons;
Si l'on me querelle,
Je cass' la vaisselle,
Aussi l' mond' dit il
Que j' suis ben gentil.

Auprès d'un tendron
D' figure agaçante,
Comme un franc luron
D'abord je m' présente,
J' dis : « V'nez donc causer,
Jolie insulaire,
Je suis militaire,
I' m' faut un baiser.
—J' n'en donne qu'à ceux qu' j'aime!»
Moi, j'avanc' tout d' même;
Aussi l' mond' dit-il
Que j' suis ben gentil.

En passant cheux nous

Ai-je fait le diable!
Ils ont ben vu tous
Comm' j'étais t'aimable!
Avec un dragon
J'ai bu l' vin d' ma tante,
A sa p'tit' servante
J'ai fait un poupon;
J'ai mangé, j'espère,
Tout l'argent d' mon père!
Aussi l' monde dit-il
Que j' suis ben gentil.

LAISSEZ-VOUS FAIRE.

Air de la Poupée.

Ici-bas, chacun suit ses goûts,
Laissez-vous faire est ma devise;
A plus d'une belle, entre nous,
Je crois aussi l'avoir apprise;
Dans le monde, pour parvenir,
Résister n'est pas l'ordinaire,

Le moyen de tout obtenir
Est souvent de se laisser faire.

Jeune fille à peine a seize ans,
Que son cœur s'émeut et s'agite;
Lui tient-on des propos galans,
Elle rougit, son sein palpite;
Rien n'est si joli que l'amour :
Or, comme on ne peut s'y soustraire,
Quand un amant vous fait la cour,
Jeunes filles, laissez-vous faire.

Claude, en sortant de son endroit,
Savait, dit-on, à peine écrire;
Mais Claude se tenait bien droit,
Il avait un joli sourire;
Une intrigante le poussa,
A plus d'une belle il sut plaire,
Et s'il parvint, s'il amassa,
C'est que Claude s'est laissé faire.

Les Dieux mêmes nous ont appris
A tenir ce tendre langage :

Que dit le dieu Mars à Cypris ?
Que dit Ixion au nuage?
Que répète encore Apollon,
Quand Daphné fuit le téméraire ?
A Psyché que dit Cupidon ?
C'était toujours : laissez-vous faire.

Être content de son destin,
C'est la bonne philosophie;
S'il faut partir, un beau matin
Sans murmurer quittons la vie;
Vingt docteurs, dans ce moment-là,
Ne pourraient nous tirer d'affaire.
Quand la mort dira : me voilà,
Il faudra bien la laisser faire.

LE BERGER ET LA BERGÈRE.

PASTORALE, SI L'ON VEUT.

AIR : *Vos maris en Palestine.*

« Où donc allez-vous, bergère ?
— Je me rends aux champs, berger.

—Vous me permettrez, j'espère,
Avec vous de voyager.
— A votre désir j'adhère,
Si ça peut vous obliger. »
Et là-dessus, la bergère
A pris le bras du berger.

« Je crois qu'il tonne, bergère.
— Je le crois aussi, berger;
Je suis mise à la légère,
— Je n'ai pas de quoi changer;
Mais cette grotte, ma chère,
Peut fort bien nous protéger.
Entrons-y, dit la bergère,
Entrons-y, dit le berger.

« Je vous adore, bergère,
— Je vous aime, aussi, berger.
— Entendez-vous le tonnerre,
Ce temps va se prolonger!
Mais ici sur la fougère,
Nous braverons le danger. »

Ah! quel coup! dit la bergère,
Ah! quel coup! dit le berger.

« L'orage est passé, bergère,
— Quoi, déjà passé, berger!
— Retournons chez votre mère.
— Non, c'est trop tôt y songer.
Tenez, voyez, l'atmosphère
Nous dit de ne pas bouger.
— Il fait superbe, bergère.
— Je vous dis qu'il pleut, berger. »

Alors on vit la bergère
Courant après son berger,
Du ton d'une harengère
Vouloir le dévisager.
Vous qui croyez aux Glycères,
Aux Corydons mensongers,
Dieu vous garde des bergères,
Dieu vous garde des bergers.

IL N'EST PLUS LA.

Air : *Je pars demain* (de Marie).

Il n'est plus là, celui que deux années
Auprès de moi le plaisir rappela ;
Adieu sermens d'unir nos destinées !
Adieu beaux jours ! époques fortunées !
Il n'est plus là.

Il n'est plus là ; pourtant dans la souffrance
Plus d'une fois ma voix le consola !
Lui ! qui n'était heureux qu'en ma présence,
Qui maudissait les heures de l'absence...
Il n'est plus là.

Il n'est plus là... l'amour ailleurs l'engage,
L'amour !... son cœur ne connaît pas cela !
Vous qui charmez maintenant le volage,
Un jour aussi vous direz, je le gage,
Il n'est plus là.

LE SAGE COMME IL Y EN A TANT

Air de Lantara.

Comme je fais vœu d'être sage,
Sitôt que je n'ai pas d'argent !
Des plaisirs repoussant l'image,
Le monde me semble affligeant ;
Mais aussitôt que je sens dans mes poches
Sonner les fonds que j'ai reçus,
Je ne puis plus songer qu'à des bamboches,
Et je fais rouler mes écus.

Lorsque je suis à court d'espèces,
Je me dis : Fuyons la beauté !
C'est par de trompeuses caresses
Que jadis l'homme fut tenté.
Mais aussitôt que la fortune arrive,
D'un bel œil admirant l'émail !..
Chaque minois me séduit, me captive !
Je voudrais avoir un sérail !

Le Jeu n'est qu'une frénésie !

Me dis-je, quand j'ai tout perdu.
L'homme atteint de cette folie
Mériterait d'être pendu !
Mais quand je vois de l'or dans ma cassette,
Je mets des cartes de côté,
Et si je quitte un moment la roulette,
C'est pour jouer à l'écarté.

Quel ennui de manger, de boire,
Me dis-je quand je n'ai plus rien;
Un ivrogne perd la mémoire,
Un gourmand dépense son bien!
Mais quand Plutus me devient favorable,
Bien dîner me paraissant doux,
Chez un traiteur je vais me mettre à table,
Et je passe la nuit dessous.

LES SOUVENIRS.

Air *des Créoles.*

Désirant voir naître l'aurore,
J'allais aux champs de grand matin;

Nous nous trouvâmes en chemin.
De ce beau jour te souvient-il encore?

Ton regard disait : « Je t'adore. »
Pendant long-temps, pour nous revoir,
Nous nous retrouvions chaque soir.
De ce temps-là te souvient-il encore?

Lorsqu'un feu brûlant nous dévore,
On jure d'aimer constamment :
Tous deux nous en fîmes serment;
De ce serment te souvient-il encore?

Bientôt, ton retour que j'implore,
Doit à jamais nous réunir;
Hâte-toi donc de revenir,
Si de m'aimer tu te souviens encore.

LES JEUX INNOCENS.

Chansonnette qu'il ne faut chanter que lorsqu'on connaît tous les noms des petits-jeux.

Air du Code et l'Amour.

Chez maman tous les soir on joue
Différens jeux fort amusans;

Mais, moi, j'aime mieux, je l'avoue,
Me mêler aux jeux innocens;
On s'y presse, on badine, on cause,
On peut parfois se parler bas;
Enfin, on se dit mainte chose
Que les mamans n'entendent pas.

Quand je vois un jeune homme aimable
Faire le *portier du couvent,*
Je me donne un air agréable,
Pour qu'on m'appelle plus souvent;
Quoique je ne sois pas coquette,
Plus d'un monsieur, au regard doux,
M'a pour ma *boîte d'amourette*
Offert de fort jolis bijoux.

J'aime beaucoup que l'on me fasse
Quelque compliment *impromptu;*
Mais ce dont je suis bientôt lasse,
C'est du *propos interrompu.*
Qu'un jeune homme de bonne mine,
En secret de moi soit épris,
Savez-vous quand je le devine?
C'est au *Colin-maillard assis.*

Avec mon cousin Théodore
J'ai long-temps *boudé* l'autre jour ;
Avec lui j'aime bien encore
Faire souvent *le pont d'amour.*
Quand nous sommes en tête à tête,
Nous jouons à mon *corbillon* ;
Et sa réponse est toujours prête
Dès que je lui dis : *qu'y met-on ?*

Pourtant je suis fort en colère,
Ah ! mon cousin, ça me déplaît,
Et je prétends dire à ma mère
Ce qu'hier au soir vous avez fait ;
Oui, j'ai bien vu, quoi qu'il en dise,
Que ce monsieur, d'un air malin,
Quand près de lui j'étais assise,
Mettait dans le *trou du voisin.*

A ces petits jeux, dit ma mère,
On trouve souvent un époux ;
Moi, si l'on m'en donne un, j'espère
Qu'il sera très habile à tous ;
Dans mon cœur pour qu'il trouve place,

D'avance, je le dis tout net,
Il faudra que mon mari fasse
Un, deux, trois, quatre, cinq, six, sept.

IL NE FAUT PAS RÊVER TOUJOURS.

A une dame qui me disait que son plus grand bonheur était de dormir.

AIR : *A deux époques de la vie.*

Quoi ! dans l'âge de la tendresse,
Dormir a pour vous tant d'appas !
Mais, si vous sommeillez sans cesse,
Auprès de vous on ne dort pas.
Vous prétendez dans chaque rêve
Voir commencer d'autres amours ;
Permettez que je les achève...
Il ne faut pas rêver toujours.

On chérit votre caractère,
On admire votre beauté,
D'une séduisante chimère
Vous êtes la réalité ;
Les rêves à femme jolie

Sont d'un inutile secours ;
Au temps heureux de la folie,
Il ne faut pas rêver toujours.

Laissez rêver le pauvre hère,
Qui fait en songe un bon repas ;
Laissez rêver la bonne mère,
Qui croit voir son fils dans ses bras ;
Au malheur le sommeil fait trêve,
Il change les nuits en beaux jours ;
Mais, vous, à qui toujours on rêve,
Il ne faut pas rêver toujours.

LES SYNONYMES FRANÇAIS.

AIR *du vaudeville de l'Amant somnambule.*

Souvent l'amour dans son langage
Aime à changer le sens des mots ;
Il faut en connaître l'usage,
Pour les employer à propos.
Vous qui languissez près des belles,
Pour devenir plus vite heureux,

Jeunes amans, croyez près d'elles
Bien moins leur bouche que leurs yeux.

Le synonyme chez les femmes
Est d'un usage très commun;
Pour réussir près de ces dames,
On doit n'en oublier aucun;
Dans un amoureux tête-à-tête,
En tremblant si vous agissez,
Il faut brusquer votre conquête
Quand on vous dira : *finissez.*

Amour constant, soumis, fidèle,
Cela se voyait autrefois;
Mais aujourd'hui, *flamme éternelle*
Dure à peu près deux ou trois mois.
Qui promet *amour pour la vie*,
Veut dire, en engageant sa foi :
» *Passe-moi mainte fantaisie,*
» *Je reviendrai toujours à toi.* »

Des mots de : *perfide, volage*,
Ne soyez jamais alarmé;

Quand femme vous tient ce langage,
Vous avez l'espoir d'être aimé ;
Du cœur quand vous serez le maître,
C'est *méchant* qu'on vous nommera ;
Et si l'on vous appelle *traître,*
C'est que l'on vous adorera.

LE MANQUE DE MÉMOIRE.

Air *du Château de mon oncle.*

Pourquoi gronder, ô mon ancienne amie,
Si ma mémoire a suivi mes amours?
J'avais, dis-tu, d'un air de bonhomie,
Fait le serment de t'adorer toujours?
Employant tout pour te rendre sensible,
Je te nommais et Ninon et Vénus!
J'ai dit cela, ma chère, c'est possible;
Mais aujourd'hui je ne m'en souviens plus.

Dans les transports de ma flamme amoureuse,
Pour te prouver ma sincère amitié,
J'ai, me dis-tu, voulu te voir heureuse

En te donnant de mes biens la moitié ;
Et par ce don, sur-le-champ exigible,
Je t'assurais tous les mois mille écus ?
J'ai dit cela, ma chère, c'est possible ;
Mais aujourd'hui je ne m'en souviens plus.

Voulant encor, contre mon inconstance,
Te rassurer par un nœud éternel,
Perdant pour toi ma douce indépendance,
J'ai désiré te conduire à l'autel ;
Me marier ne m'était point pénible ;
Je te trouvais des grâces, des vertus...
J'ai dit cela, ma chère, c'est possible ;
Mais aujourd'hui je ne m'en souviens plus.

Bref, tu prétends, et je veux bien le croire,
Que je t'ai dit : « Si je deviens trompeur,
» Pour me punir d'une action si noire,
» Je te permets de me percer le cœur. »
Ah ! ne va pas, dans un transport terrible,
Te préparer des regrets superflus !
On dit cela, ma chère, c'est possible ;
Le lendemain on ne s'en souvient plus.

DAME ISABELLE,

ET LES TROIS CHEVALIERS.

RONDE OU BALLADE QUI N'EN FINIT PAS.

AIR : *Espérance, patience* (de Fiorella).

« Ma douce Isabelle
Toujours aimerai;
Elle est la plus belle,
Je le prouverai;
Pour rompre une lance
Vais aux champs des preux;
Ayez souvenance
De nos tendres feux. »

Cette histoire
Est notoire;
C'était encor
Dans l'âge d'or.

« Point n'ayez de crainte,
Aimable Adrien,

Mon cœur est sans feinte,
Je suis votre bien,
De votre Isabelle
Portez les couleurs;
Je serai fidèle,
Vous voyez mes pleurs. »
Cette histoire, etc.

Sûr de son amie,
Le jeune guerrier
Part, et se confie
A son destrier.
Pendant que pour elle
Il vole au tournois,
La tendre Isabelle
D'un autre a fait choix.
Cette histoire, etc.

Brûlant pour la dame,
Beau, vaillant et blond,
Aymard peint sa flamme,
La belle y répond;
Mais quand sa tendresse

Obtient doux retour,
Quittant sa maîtresse,
Il part à son tour.
Cette histoire, etc.

La tant douce amante,
Etant veuve encor,
Gémit, se lamente,
Appelle la mort.
Sensible à ses charmes,
Le beau brun Roger
De sécher ses larmes
Prétend se charger.
Cette histoire, etc.

Mais quand de la belle
Il obtient merci,
Laissant la pucelle,
Roger part aussi.
A peine il la quitte,
Qu'un vieux châtelain
Vient à la petite
Proposer sa main.
Cette histoire, etc.

Sortant de l'arène
Couverts de lauriers,
Doux espoir ramène
Nos trois chevaliers.
Chacun d'Isabelle
Se dit : j'ai sa foi,
Et, sur sa tourelle,
Elle pense à moi.
Cette histoire, etc.

Mais, ô perfidie !
Les pauvres vainqueurs
De la même amie
Portent les couleurs;
Et la noble dame,
Au cœur très humain,
Est maintenant femme
D'un vieux châtelain.
Cette histoire, etc.

« Las, dit Isabelle,
Accusez le sort,
Point n'étais cruelle,

Les absens ont tort;
Mais quand dans la plaine
Ira mon époux,
Chez la châtelaine
Venez sans courroux. »
  Cette histoire
  Est notoire;
 C'était encor
 Dans l'âge d'or.

LA RÉUNION D'ÉTÉ.

CHANSON DE TABLE.

AIR : *Il me faudra quitter l'empire.*

Amis, voici l'époque fortunée
Où je viens rire et chanter avec vous;
Mais aujourd'hui d'une belle journée
L'aimable aspect rend ce banquet plus doux;
Pendant l'hiver si ma voix, peu sonore,
De vous distraire eut parfois le desir,
Sous un beau ciel on doit bien mieux encore
Boire, chanter, se livrer au plaisir. (*ter.*)

Si nous voyons ensemble la froidure,
Et de janvier la neige et les ruisseaux,
Ensemble au moins admirons la nature,
Charmant les yeux par de rians tableaux.
Sachons l'été jouir des dons de Flore,
C'est pour l'hiver un joyeux souvenir;
Sous un beau ciel on doit bien mieux encore
Boire, chanter, se livrer au plaisir.

Toujours Paris nous rassemblait naguère;
Mais aujourd'hui, dans notre doux émoi,
Quittant ses murs nous passons la barrière,
Et nous laissons les ennuis à l'octroi;
Près d'un bon feu, quand Comus nous restaure,
Si nous savons charmer notre loisir,
Sous un beau ciel on doit bien mieux encore
Boire, chanter, se livrer au plaisir.

Enfans des arts, pour devise chérie,
Prenons toujours franchise et liberté;
La moindre entrave arrête le génie,
Mais le grand air inspire la gaîté.
Dans cet hôtel, que le luxe décore,

A s'amuser nul ne peut réussir !
Sous un beau ciel il vaut bien mieux encore
Boire, chanter, se livrer au plaisir.

Chacun de nous regardant en arrière
En soupirant, peut se dire tout bas :
« De mon printemps j'ai passé la carrière,
Pour nous, hélas ! il ne renaîtra pas !
Mais le passé dans l'ombre s'évapore,
C'est le présent qu'il faut savoir saisir !
Sous un beau ciel heureux qui peut encore
Boire, chanter, se livrer au plaisir.

RENDEZ-MOI MON ARGENT.

Air : *Le cordon, s'il vous plaît.*

C'est le plaisir
Qu'on veut saisir ;
Chacun l'envie ;
On croit contenter son desir.
A tous les instans de la vie,
Bercés par un espoir trompeur,

Nous payons bien cher le bonheur!
Et tel prodigue sa richesse
Pour avoir fidèle maîtresse,
Pourrait dire, en se dégageant,
Rendez-moi mon argent. (6 fois.)

Est-on garçon,
Il faut, dit-on,
Prendre une femme
Afin de monter sa maison;
Puis, avec la dot de madame,
On a des chevaux, des valets,
On donne concerts et banquets;
Mais oubliant qu'hymen nous lie,
On néglige femme jolie,
Qui dit tout bas, en enrageant,
Rendez-moi mon argent.

On me promet
Succès complet;
Vite au théâtre
Je cours et me place au parquet;
De la comédie idolâtre,

J'écoute, au milieu des amis,
Le chef-d'œuvre qu'on m'a promis.
Hélas! plan, scène, personnage,
Tout est mauvais dans cet ouvrage;
Et chacun dit, en délogeant,
Rendez-moi mon argent.

A l'écarté
Avec gaîté,
Folle jeunesse,
Tu viens chercher le bon côté;
Pour le jeu quittant sa maîtresse,
Au bal on néglige l'amour,
Qui peut s'en venger à son tour;
On perd, on emprunte, on s'entête;
Plus d'un qui brille à cette fête,
Dira demain, presque indigent,
Rendez-moi mon argent.

Il faut souffrir,
Il faut mourir,
Et dans la vie
Souvent on n'a point de plaisir,

Notre carrière est remplie,
Parfois les soucis, le chagrin,
Avec nous ont fait le chemin;
Quand on fit un triste voyage,
On pourrait en pliant bagage
Dire, sans paraître exigeant,
Rendez-moi mon argent.

IL FAUT AIMER.

AIR *de mademoiselle Caroline Moudrux*, ou *Air d'Aristipe*.

Il faut aimer, c'est le besoin de l'âme;
Qui n'aime pas ne peut se dire heureux;
Il faut céder à cette douce flamme
Qu'en notre cœur allument deux beaux yeux.
Dans les palais, dans la chaumière obscure,
C'est l'amour seul qui sait tout animer.
Nous entendons la voix de la nature...
Il faut aimer.

Il faut aimer pour être humain, sensible,
Des malheureux pour adoucir le sort;

L'amour s'éveille à la peine accessible,
L'indifférence avec calme s'endort.
Il faut aimer pour aller à la gloire;
Pour son amie il est beau de s'armer;
Pour parvenir au temple de mémoire,
Il faut aimer.

Il faut aimer, dans le printemps de l'âge,
La tendre mère à qui l'on doit le jour;
Quand la raison devient notre partage,
Pour l'égayer unissons-lui l'amour;
Et lorsqu'enfin la tremblante vieillesse
Nous dit qu'il faut renoncer à charmer,
Pour que le cœur conserve sa jeunesse,
Il faut aimer.

LA PLUME.

AIR : *Vaudeville de l'Étude.*

A la plume rendons hommage,
Nous envions tous ses faveurs;
Heureux qui sait en faire usage

Sans en éprouver les rigueurs!
On souffre quand un sot la guide,
Mais le ciel forme peu d'élus;
Plumes de Racine et d'Ovide,
Hélas! on ne vous taille plus.

Changeant de ton comme de maître,
Servant et l'intrigue et l'amour,
Combien d'écrits elle a fait naître
Qui n'ont pas duré plus d'un jour!
Elle a tracé mainte bévue,
Fruit du despotisme irrité;
Mais trop rarement on l'a vue
Conduite par la Vérité.

Honneur à la plume fidèle,
Qui du peuple défend les droits,
Et dans une page immortelle
Pour le pauvre élève la voix.
Honte à celle qui se partage,
Qui pour de l'or se vend soudain,
Et qu'on voit changer de langage
Sans pour cela changer de main.

Sur la beauté qu'elle caresse
Souvent la plume nous séduit;
Pour exprimer notre tendresse,
La plume aisément se conduit.
Cédant aux désirs qu'elle allume,
Si l'on couronne notre ardeur,
Parfois c'est encor sur la plume
Que nous connaissons le bonheur.

Puisse quelque plume nous rendre
Molière, Voltaire, Rousseau;
Puisse-t-elle à l'instant se fendre
Pour qui dénigre son berceau;
Et vous, auteurs de cent volumes,
Écrits pour engourdir nos sens,
De grâce, ne taillez vos plumes
Que pour faire des cure-dents.

A MON ANCIENNE AMIE.

Air : *Oui, des beaux arts je suis admirateur* (de Garrick).

Voilà douze ans, Lise, que j'ai ton cœur,
Déjà douze ans! époque fortunée!

Loin que le temps altère mon bonheur,
Je crois t'aimer encor plus chaque année.
  Maîtresse nouvelle et vins vieux
Font, nous dit-on, le charme de la vie;
  Je change ce refrain joyeux,
  Et trouve qu'à table on est mieux
  Auprès de son ancienne amie.

Douze ans sont longs quand par de tristes nœuds
L'indifférence avec l'amour s'engage;
Ce temps fut court, ma chère, pour nous deux;
Car de nos feux nous avons plus d'un gage.
  Si dans de nouvelles amours
On met parfois plus de galanterie,
  Qu'est-il besoin de son secours
  Pour compter tous les heureux jours
  Passés près d'une ancienne amie?

Éprouve-t-on pour un objet nouveau
Ce vif désir qui fait croire qu'on aime,
Alors pour nous le présent seul est beau:
Le lendemain souvent n'est plus le même.

Mais bien loin de nous désunir
Quand le temps voit notre ardeur affermie,
On est riche de souvenir
Et rassuré sur l'avenir
Auprès de son ancienne amie.

Des plaisirs même être enfin ennuyé,
C'est en changeant ce que bientôt on trouve;
Mais à l'amour joindre de l'amitié,
En se fixant, c'est ce que l'on éprouve.
Du sort ressent-on le courroux,
Par le malheur doublement on se lie;
Et ce souvenir a pour nous
Encor je ne sais quoi de doux
Auprès de notre ancienne amie.

Si je te dis que je te trouve encor
Mêmes attraits, même grâce, ma chère,
Tu me croiras, je pense, sans efforts :
Après douze ans on doit être sincère;
Pour toi, le temps semble arrêté;
Mais si sa main cessait d'être endormie,

N'en conçois nulle anxiété :
Ce n'est pas que pour sa beauté
Que l'on aime une ancienne amie.

VOUS FACHERIEZ-VOUS ?

Air : *Voilà quatre ans qu'en ce village* (de Léocadie.)

Si je vous disais, mon amie,
Pourquoi je soupire en secret ;
Si je vous disais : Pour la vie
Je puis être heureux et discret,
Si, cédant à l'ardeur extrême
Que fait naître un regard si doux,
Je vous disais enfin... je t'aime :
Ah ! Rose, vous fâcheriez-vous ?

Vou savez que je vous adore,
Pourtant vous ne vous fâchez pas ;
Mais, hélas ! je soupire encore
Lorsque j'admire vos appas ;
Je désire un baiser bien tendre...
Mais je crains trop votre courroux,

Si malgré toi j'osais le prendre...
Ah ! Rose , vous fâcheriez-vous?

Vous pardonnez à mon délire ;
Mais pour apaiser mes amours ,
Ce baiser ne saurait suffire.
Hélas! je soupire toujours !
De mon amour n'étant plus maître ,
Si je tombais à tes genoux...
Mais j'y suis... j'y veux toujours être...
Ah ! Rose, vous fâcherez-vous ?

LA VIE D'UN PARTICULIER.

ROMANCE-ROMANTIQUE ,

Avec dix ans d'intervalle entre chaque couplet.

AIR : *De ma Céline amant modeste.*

PREMIER COUPLET.

(Le particulier à dix ans.)

Que les parens sont ridicules
Avec leur latin et leur grec !
Combien je suis las de férules ,

Et de *pensum* et de pain sec!
Ah! de grandir j'ai bonne envie!...
Alors, loin d'être nonchalant,
Je veux, tous les jours de ma vie,
Faire enlever un cerf-volant.

DEUXIÈME COUPLET.

(Le particulier à vingt ans.)

Ah! que ma cousine est jolie!
Les beaux yeux! quel air de douceur!
Déjà je l'aime à la folie;
L'épouser ferait mon bonheur.
On m'objecte encore mon âge;
Vingt ans, c'est trop jeune, dit-on,
J'en voudrais avoir davantage
Afin de n'être plus garçon!

TROISIÈME COUPLET.

(Le particulier à trente ans.)

Vraiment, ma femme est ennuyeuse,
Elle veut me tyranniser;
De mon temps, pour la rendre heureuse,

Je ne puis jamais disposer.
Après six ans d'hymen, j'espère
Qu'on doit être plus tolérant.
Quand donc, pour promener sa mère,
Mon fils sera-t-il assez grand ?

QUATRIÈME COUPLET.

(Le particulier à quarante ans.)

Mon fils a quinze ans, et le drôle
Ira loin, si je m'y connais !
Pour ma fille, sur ma parole,
On admirera ses attraits ;
Je veux qu'elle épouse une altesse !
Et que mon fils soit général ;
A leur noce quelle allégresse !...
Quand donc en verrai-je le bal !

CINQUIÈME COUPLET.

(Le particulier à cinquante ans.)

Au diable soit de la famille !
Mon vaurien a tout engagé !..
Et l'argent qu'a reçu ma fille,

Déjà par mon gendre est mangé.
Partons, car si je n'y prends garde,
Mon bien n'y suffira jamais.
Ah! d'être loin d'eux qu'il me tarde,
Afin de pouvoir vivre en paix.

SIXIÈME COUPLET.

(Le particulier à soixante ans.)

En me rappelant ma jeunesse,
Maintenant que j'ai soixante ans,
Je vois que par ses vœux sans cesse
On presse la marche du temps;
C'est à vieillir que l'on aspire,
Puisque, même sur mon déclin,
Il m'arrive encore de dire:
« Je voudrais bien être à demain. »

L'HABITUDE.

Air : *Les petits valent bien les grands.*

Le bonheur se forme, dit-on,
Des habitudes de la vie;

Le sage l'a dans sa maison,
L'amant auprès de son amie.
A tout on peut s'accoutumer.
Ma Clara, faisons-en l'étude;
Si tu le veux, de nous aimer
Nous allons prendre l'habitude.

A toujours être auprès de toi
Je m'accoutumerai bien vite :
Déjà tes désirs font ma loi,
C'est à regret que je te quitte;
T'aimer doit être le bonheur,
J'en ai la douce certitude;
Je sens au trouble de mon cœur
Qu'il en prend déjà l'habitude.

Mais il faut aussi m'exprimer
Que tu partages mon ivresse;
Songe qu'il faut t'accoutumer
A me permettre une caresse;
Lève les yeux sur ton amant,
Ma Clara, ne fais point la prude;

De peindre un tendre sentiment
Donne-leur vite l'habitude.

Grâce à ce projet, tout me dit
Que nous serons heureux, ma chère ;
En s'aimant petit à petit,
On connaît mieux son caractère ;
Défions-nous de ces amours
Que l'on forme avec promptitude ;
Ceux que l'on voit durer toujours
Sont souvent nés de l'habitude.

JE NE SUIS PAS ENCOR GUÉRI.

Air : *Les petits valent bien les grands.*

D'un sexe perfide et volage
Je prétends braver les attraits ;
L'aimer encor serait peu sage,
J'en suis bien guéri désormais.
Oui, c'en est fait, je fuis les belles,
Et pourtant mon cœur attendri

Palpite toujours auprès d'elles...
Je ne suis pas encor guéri.

Cent fois trompé par des coquettes,
Irai-je encor faire ma cour?
Non, mesdames, dans vos conquêtes
Ne me comptez plus dès ce jour.
Mais Adèle vient de m'écrire,
C'est demain que part son mari;
Et d'être à demain je soupire...
Je ne suis pas encor guéri.

Que dis-je! non, plus de maîtresses.
Je ne veux plus, pour deux beaux yeux,
Croire à de trompeuses promesses;
Ne plus aimer vaut beaucoup mieux.
Mais quelle est cette jeune fille,
Au pied mignon, au teint fleuri?
D'honneur, on n'est pas plus gentille...
Je ne suis pas encor guéri.

N'allons pas faire de folie!
Et que m'importe ce minois!...

Mais cette femme est bien jolie...
Elle me remarque, je crois.
Oui, j'en suis certain, la petite,
En me regardant, a souri...
Pour la rejoindre allons plus vite...
Je ne suis pas encor guéri.

LA CHAUMIÈRE.

AIR de *M. Et. Voizel*, ou AIR *du vaudeville de* l'Actrice.

Séjour de mon heureuse enfance,
Qu'il me fallut trop tôt quitter,
Vers toi, franchissant la distance,
Ma pensée aime à se porter.
Je vois ces murs couverts de lierre,
Ce foyer, ce toit protecteur;
Et je regrette ma chaumière,
Où je connaissais le bonheur.

Forcé de vivre au sein des villes,
J'ai connu leurs bruyans plaisirs;
Là, les hommes ne sont habiles

Qu'à se créer de vains désirs ;
Chacun d'eux use sa carrière,
En rêvant fortune et grandeur !...
Moi, je regrette ma chaumière
Où je connaissais le bonheur.

Quand de l'amour goûtant l'ivresse,
Je crois à la félicité,
Je suis trahi par ma maîtresse,
Qui rit de ma fidélité.
Du grand monde c'est la manière :
La constance n'est qu'une erreur !...
Moi, je regrette ma chaumière
Où je connaissais le bonheur.

Le désir ardent de la gloire
M'a fait affronter les combats,
Alors je voyais la victoire
Suivre les pas de nos soldats ;
Mais du temps la faux meurtrière
Moissonne à son tour le vainqueur !...
Ah ! retournons dans ma chaumière
Où je connaissais le bonheur.

LE NEZ.

Air : C'est par les yeux, etc.

C'est par le nez que tout se flaire,
Et, premier organe des sens,
Le nez nous guide et nous éclaire
Dans nos désirs les plus pressans.
La Providence, toujours sage,
En créant le nez, eut grand soin
Qu'il fût au milieu du visage,
Afin qu'on le vît de plus loin.

Chacun cite de sa maîtresse
Les dents, les yeux ou les contours,
Mais bien rarement on adresse
A son nez de tendres discours ;
Eh ! messieurs, faites qu'il partage
Les éloges que vous donnez :
Que serait le plus beau visage
Si l'on n'y voyait pas de nez ?

Voyez ce gourmand, il devine

Quand vous donnez de bons dînés :
Chez vous alors il s'achemine;
Les gourmands ont toujours bon nez.
Voyez encor cet homme en place,
D'opinions changeant souvent ;
Veut-il obtenir quelque grâce,
Il a toujours le nez au vent.

J'aime un nez à la Roxelane,
Il donne aux belles l'air mutin ;
Sur une jeune courtisane
Un nez à la grecque est divin ;
Chez une noble et grande dame
Je cherche un nez aquilin ;
Mais si je prenais une femme,
Je voudrais qu'elle eût le nez fin.

Le nez est le miroir de l'âme ;
Sur lui tout se peint, tout agit ;
Avons-nous la fièvre, il s'enflamme;
Quand nous buvons trop, il rougit ;
Enfin, si dans un tête-à-tête
Nos vœux ne sont pas couronnés,

Au lieu de notre air de conquête,
Cela nous donne un pied de nez.

LA COUTURIÈRE.

Air : *Eh! le cœur à la danse, etc.*

Une fillette de vingt ans,
Sensible et couturière,
Disait : « Ça dure bien long-temps,
Une semaine entière!...
Mais elle s'achèvera,
Et dimanche arrivera...
Enfilons mon aiguille,
Cousons (*ter*) toujours,
Je suis jeune et gentille,
Pensons à mes amours.

» Dimanche! ah! pour moi quel plaisir!
Comme alors je m'en donne!
Je n'ai qu'à former un désir,
Et vite on le couronne;
Les messieurs que je connais

Sont si galans, si bien faits...
Enfilons mon aiguille, etc.

» Monsieur Auguste a soin d'avoir
Des bonbons dans ses poches ;
Monsieur Jule, matin et soir,
Me bourre de brioches !
Si Paul ne me donne rien,
Il me fait danser fort bien !...
Enfilons mon aiguille, etc.

» Comme monsieur Jule est poli,
Comme il walse avec grâces !
Il m'a menée à Tivoli,
Nous avons pris des glaces ;
Puis, le soir, dans mon corset
Il a mis un gros bouquet...
Enfilons mon aiguille, etc.

» Pour Auguste, au *Pied de Mouton*,
Je me suis enflammée ;
J'étais en loge du grand ton,
La grille était fermée ;

J'ignore ce qu'on disait,
Mais comme ça m'amusait !
Enfilons mon aiguille, etc.

» Avec Paul je dîne en secret,
Et de peur de scandale,
C'est toujours dans un cabinet ;
Mais comme il me régale !...
Je dis en vain : finissez,
Nous en avons bien assez...
Enfilons mon aiguille, etc.

» Je n'écouterais qu'un amant,
Si j'avais ma semaine ;
Mais rien qu'un jour au sentiment !
Ça me suffit à peine ;
Pour mes dimanches, je veux
Garder mes trois amoureux ;
Enfilons mon aiguille,
Cousons (*ter*) toujours :
Je suis jeune et gentille,
Pensons à mes amours. »

LES VIEUX PÉCHÉS.

Air : *Je vous comprendrai toujours bien* (de l'Opéra-Comique).

Malgré notre sagesse à tous,
Malgré notre amour de bien faire,
Ce qu'on nous défend a, pour nous,
Certain attrait involontaire;
Soyons indulgens, car, hélas!
Dans ce siècle d'ingratitude,
Eh! quel est celui qui n'a pas
Quelques vieux péchés (*ter*) d'habitude?

Hortense a de la gravité,
L'œil baissé, le maintien sévère,
Elle fuit la société
De toute femme un peu légère;
En secret elle a des amans,
Dans le monde elle fait la prude;
Dissimuler ses sentimens,
C'est son vieux péché (*ter*) d'habitude.

D'un sexe qui règne sur nous

Excusons la coquetterie,
Jamais de ce péché si doux
Ne guérira femme jolie.
La plus fidèle à son amant,
De plaire à chacun fait étude;
Ah! laissons-leur cet art charmant,
C'est un vieux péché (*ter*) d'habitude.

S'il faut défendre son pays,
Partir sans que rien ne l'arrête,
Et sous le feu des ennemis
Chanter encor la chansonnette;
Aimer sa patrie à l'excès,
Mais détester la servitude,
En tous les temps, chez les Français,
C'est un vieux péché (*ter*) d'habitude.

Si les Normands sont cauteleux,
Si les Gascons par trop se vantent,
Si les riches sont orgueilleux,
Si les journalistes nous mentent,
Si les amans sont attrapés,
Si les marins ont le ton rude,

Et si les maris sont trompés,
Ce sont des péchés (*ter*) d'habitude.

LE DÉSIR ET L'ESPÉRANCE.

Air *de l'Angelus.*

On a quelquefois confondu
Deux sentimens qui, dès l'enfance,
Par leurs charmes ont suspendu
Les ennuis de notre existence :
L'un est précurseur du plaisir,
Et l'autre naît de la souffrance;
Le premier fut nommé désir,
Et le second est l'espérance.

Pour le pauvre dans son réduit
Ces deux sentimens ont des charmes;
Le désir parfois le séduit,
L'espérance sèche ses larmes :
En amour l'un fait réussir,
Vers l'amitié l'autre s'élance;
Le plus heureux c'est le désir,
Mais le plus doux c'est l'espérance.

Au dernier jour, lorsque le Temps
Guidera la Parque cruelle,
De ces aimables sentimens
Un seul nous restera fidèle :
Dès que la mort vient nous saisir,
Adieu, grandeurs, beauté, puissance,
Nous perdons aussi le désir,
Mais nous emportons l'espérance.

LA BROUETTE DE JEANNETTE.

Air : *Et vogue ma nacelle* (de Marie).

Jeannette est une brune
Qui demeure à Pantin,
Où toute sa fortune
Est un petit jardin ;
Sans cesse elle répète,
En narguant les soucis :
Eh ! roule ma brouette
Qui porte mes radis.

Jeannette eut au village

Plus d'une passion ;
Fut-elle toujours sage?
C'est une question.
Chaque jour la fillette
Dit : Allons à Paris !
Eh ! roule ma brouette
Qui porte mes radis.

D'abord un militaire
Pour la belle brûla ;
Aisément il sut plaire,
Mais il la planta là.
Ça fit pleurer Jeannette
Qui bientôt a repris :
Eh ! roule ma brouette
Qui porte mes radis.

Un fermier pour la belle
Eut aussi de l'amour ;
Cette fois ce fut elle
Qui ne l'aima qu'un jour :
Il poursuit la coquette,
Qui lui répond : tant pis !

Eh! roule ma brouette
Qui porte mes radis.

Se montrant accessible
Pour un joli garçon,
Jeannette est insensible
Aux offres d'un barbon;
Elle dit : Ma couchette
A peur des cheveux gris!
Eh! roule ma brouette
Qui porte mes radis.

Méprisant la richesse,
Jeannette dit encor :
Je donne ma tendresse,
Ce n'est pas pour de l'or :
Le plaisir qu'on achette
Vaut-il l'amour gratis?
Eh! roule ma brouette
Qui porte mes radis.

POUR LA FÊTE D'UN *LOUIS*.

AIR : *Au coin du feu.*

A chanter je m'apprête;
Il s'agit d'une fête
Qui vaut son prix;
Or je sens qu'il me tente,
Car je sais que je chante
Pour un Louis (*ter*).

L'épouse de notre hôte,
Bien qu'à compter sans faute
Elle ait appris,
Donnerait, je parie,
Une somme infinie
Pour son Louis.

Louis, en Terre-Sainte,
Disait : « Allons sans crainte!... »
Il fut occis.
Moi, vous pouvez m'en croire,

Ici, j'aime mieux boire
 Pour mon Louis.

Quand on a quelque pièce
D'une mauvaise espèce,
 On est repris ;
Chez nous point d'alliage :
Nous avons en partage
 Un bon Louis.

L'un veut une couronne ;
Celui-ci, sur le trône,
 A des soucis.
Pour nous fête complette,
Nous sommes en goguette
 Pour un Louis.

Autrefois trois déesses
Découvrirent leurs... jambes
 Au beau Pâris.
On dit, moi je l'ignore,
Que l'on en montre encore
 Pour un Louis.

LES MACHINES.

AIR : *Femmes voulez-vous éprouver.*

Tout n'est que machine ici bas,
Disait un jour un pessimiste ;
L'homme qui fait tant d'embarras,
Ne remplit qu'un rôle fort triste ;
Malgré lui forcé d'arriver
Au but que le sort lui destine,
L'homme, je vais vous le prouver,
N'est lui-même qu'une machine.

On se lève : il faut se couvrir ;
Puis, que l'on soit laquais ou comte,
Il faut songer à se nourrir :
C'est la machine que l'on monte.
Bientôt on va la promener,
Mais, n'importe où l'on s'achemine,
L'estomac crie, il faut dîner,
Ou bien, au diable la machine.

Vous me direz, on peut causer ;
Près des belles on plaît, on brille,
Parfois, même, l'on peut baiser
La main d'une femme gentille ;
Oui, si l'on prolongeait cela,
Ce serait charmant, j'imagine !
Mais bientôt on bâille, et voilà
Qu'il faut coucher notre machine.

Foin du pessimiste maudit
Qui met l'homme au niveau de l'âne ;
En nous il n'a point vu d'esprit,
Il mérite qu'on le condamne ;
Mais si nous perdions, par hasard,
Ce feu divin qui nous domine,
La beauté, par un seul regard,
Remonterait notre machine.

LA DEMOISELLE DE QUINZE ANS.

AIR : *Amis, voici la riante semaine.*

Je touche enfin l'époque fortunée
Qui fut long-temps le but de mes désirs!
Je ne suis plus d'enfans environnée,
Avec quinze ans on a d'autres plaisirs.
Moi, qu'on voyait toujours chanter et rire,
Je suis déjà tout autre, je le sens...
J'ai des vapeurs, je rougis, je soupire;
Ah! que c'est donc joli d'avoir quinze ans!

Pour raisonner je me sens plus d'audace,
J'ai le plaisir de m'entendre louer;
Quand un vieillard auprès de moi se place,
Je n'ose plus le quitter pour jouer.
Si par hasard encor mon œil convoite
Ceux que je vois courir dans tous les sens,
Je reste assise, et je me tiens bien droite...
Ah! que c'est donc joli d'avoir quinze ans!

Je ne suis plus traitée en écolière,

Lorsque je vais le soir dans un salon,
D'un vieux marquis et d'une douairière
Je fais souvent la partie au boston.
Quand près de nous les enfans qu'on tolère,
Font les cent coups à leurs jeux innocens,
Moi, je demande une *grande misère !*
Ah ! que c'est donc joli d'avoir quinze ans !

Lorsque j'allais jadis dans la campagne,
Tout me semblait propre à me divertir ;
Cueillir des fleurs, gravir une montagne,
Me suffisait pour aimer à sortir.
Mais maintenant les bois ont d'autres charmes.
Du rossignol j'écoute les accens,
Et puis mes yeux se remplissent de larmes.
Ah ! que c'est donc joli d'avoir quinze ans !

D'avoir quinze ans, oui, je suis bien heureuse,
Je ne sais quoi pourtant trouble mon cœur ;
Être souvent inquiète, rêveuse,
Est-ce bien là ce qu'on nomme bonheur ?
Vagues désirs, dont j'ignore la cause,
Vous tourmentez, vous agitez mes sens :

Ah! c'est, je crois, encor pour autre chose
Que c'est, dit-on, joli d'avoir quinze ans!

LES CIMETIÈRES.

RONDE A DANSER.

Air de la ronde des grenadiers.

Mes chers amis, vivent les cimetières!
Ne plaignons pas le sort des moribonds;
Si les vivans repoussent nos prières,
Dès qu'ils sont morts tous les hommes sont bons.

Quand dans le monde on rencontre avec peine
Amour constant, véritable amitié,
Au cimetière on trouve par centaine
Ami sincère et fidèle moitié.
Mes chers amis, vivent, etc.

Vous trouverez là des modistes austères,
Des brocanteurs qui ne surfaisaient pas,
Des poètes chéris de leurs confrères,
Et des tailleurs qui donnaient de bons draps.
Mes chers amis, etc.

J'y vois encor des bouchers philantropes,
Des boulangers, philosophes profonds.
Sur leurs tombeaux, grâce à leurs Pénélopes,
Je trouve aussi l'adresse de leurs fonds.
Mes chers amis, etc.

Pauvres auteurs, victimes de l'envie,
Qui ne trouvez que censeurs insolens,
Vous vous plaignez!... demain quittez la vie,
Et l'on rendra justice à vos talens.
Mes chers amis, etc.

De son vivant, Raymond avec sa femme
Avait toujours des querelles, des cris :
Sur son tombeau, par ordre de madame,
On met : Au plus adoré des maris.
Mes chers amis, etc.

Chez les époux, chez les fils, chez les gendres,
Que de vertus! En lisant tout cela,
Chacun se dit : Pour avoir de leurs cendres
On aurait dû brûler tous ces gens-là !...
Mes chers amis, etc.

Les qualités, les talens, le génie,
Sont, je le vois, en foule aux sombres bords;
Ah ! pour l'honneur de ma belle patrie,
Que ne peut-on ressusciter les morts!
Mes chers amis, etc.

Du cimetière en quittant la demeure,
Où je serais resté très volontiers,
Je me disais : Que de gens que l'on pleure!...
Je vis, plus loin, danser leurs héritiers.

Mes chers amis, vivent les cimetières!
Ne plaignons point le sort des moribonds;
Si les vivans sont sourds à nos prières,
Dès qu'ils sont morts tous les hommes sont bons.

LE CHANT D'UN PREUX.

Air à faire.

RÉCITATIF.

Que ce séjour plaît à mon âme!
Sur ce vieux chêne j'ai gravé

Des vers en l'honneur de ma dame,
Souvenir de l'amour qu'en ces lieux j'ai rêvé !...
Mais il m'anime encor... plein de sa douce image,
Traçons ici mes secrets sentimens ;
Qu'un jour, au moins, sous cet épais feuillage
Elle retrouve mes sermens...

STANCES.

Amour de ma patrie
Fait palpiter mon cœur,
Amour de mon amie
Me donne le bonheur.
Ce cœur qui les rassemble
N'en veut jamais guérir :
Quand on doit vivre ensemble
Ensemble il faut mourir.

Si la gloire m'appelle,
Je combats sans effroi ;
Quand je revois ma belle,
Je sens un doux émoi ;
Ma dame, ma patrie,

Veux toujours vous chérir;
Sans honneur, sans amie,
On n'a plus qu'à mourir.

S'il mordait la poussière,
Ne pleurez pas le preux;
Une noble carrière
Fut l'objet de ses vœux.
Pour sa fidèle amie
Trouvait doux de souffrir,
Pour sa belle patrie
Trouva doux de mourir.

LE CAPORAL ET LE CONSCRIT.

Air de la Catacoua.

« Caporal, c'est moi que j'invite,
Faites-moi celui d'accepter;
Je suis amoureux de c'te p'tite,
A qui je voudrais en conter;
Mais pour lui décliner la chose,
Faudrait qu'un malin, comme vous,

Vînt avec nous,
Et m' dise en d'sous,
Ce qu'on s' permet
Auprès de son objet;
Ça me formerait, que j' suppose;
Caporal,
Je paie un régal.

— Allons, Jean-Jean, si ça t' contente,
J'accepte l'invitation.
C'est ça ta p'tite? elle est tentante,
Je conçois l'inclination;
Donnez-moi votre bras, la belle :
Toi, Jean-Jean, march' derrière au pas,
Surtout n' va pas,
En aucun cas,
Faire un mouv'ment
Sans mon commandement.
Prends ma tournure pour modèle.
— Caporal,
C'est l' point capital.

— Il faut entrer dans c'te guinguette
Nous rafraîchir me semble urgent;
Faut êtr' galant près d'une fillette :
Garçon, du vin !... Verse, Jean-Jean:
Vois comme ta belle a l'air tendre;
Tiens, v'là comme on prend un baiser;
Pour t'amuser,
Faut supposer
Qu' c'est toi, Jean-Jean,
Qui l'embrasse à présent;
Admire comm' je sais m'y prendre.
— Caporal,
C'est original. »

—Mais je crois qu' j'entends d' la musique,
Belle enfant, nous allons walser;
Au bal je suis bon là, j' m'en pique;
Jean-Jean, tu nous verras passer;
Pendant qu'à ta particulière
Je vais montrer mon abandon,
Prends un' leçon,
Comme un tonton

Tourne tout seul
Autour de ce tilleul;
Moi, j' vais fair' tourner c'te p'tit' mère.
— Caporal,
Ne vous fait's pas d' mal. »

Jean-Jean, avec obéissance,
Sans s'arrêter tourne toujours,
Après une assez longue absence
On lui ramène ses amours :
« Tiens, Jean-Jean, pour le badinage,
V'là ton objet bien disposé,
J'ai tant pressé,
Tant courtisé,
Qu'à c't' heur' mon p'tit,
En avant... Et suffit!
Pour toi, je me suis mis en nage.
— Caporal,
Vous êt's sans égal. »

LA BONNE MÈRE.

AIR : *Tournez, fuseaux légers* (de la Dame Blanche).

Un soir une jeune mère
Disait près de deux berceaux :
« Mes chers enfans, sur la terre
Je crains pour vous bien des maux !
Votre cœur exempt d'envie
Aux passions de la vie
Un jour, hélas ! s'ouvrira...
Mais tandis qu'il les ignore,
Enfans chéris, dormez encore,
Dormez encore jusque là.

En débutant dans le monde,
Tout y charmera vos yeux,
Vous ne verrez à la ronde
Que des gens officieux ;
On nous fait, dans la jeunesse,
Bon accueil, tendre caresse,
Jadis cela m'aveugla !

Mais le charme s'évapore...
Enfans chéris, dormez encore,
Dormez encore jusque là.

Toi, ma fille, quoique sage,
Tu te laisseras charmer;
Toi, mon fils, dans ton jeune âge,
Tu trouveras doux d'aimer:
Temps heureux de l'innocence
Où l'on croit à la constance!
Mais on est, malgré cela,
Trahi par ce qu'on adore...
Enfans chéris, dormez encore,
Dormez encore jusque là.

Vous verrez que le mérite
Sait rarement parvenir,
Que l'intrigue va plus vite,
Que l'or fait tout obtenir;
Vous verrez la jalousie
Au talent porter envie,
Et puis on encensera
Un sot qu'un titre décore...

Enfans chéris, dormez encore,
Dormez encore jusque là.

Mais non, j'en ai l'espérance,
Les hommes deviendront bons;
De vertus, de tolérance,
Ils donneront des leçons;
On trouvera sur la terre
Amitié pure et sincère :
La justice en chassera
Tous les maux que fit Pandore...
Enfans chéris, dormez encore,
Dormez encore jusque là.

L'AMANTE INCONNUE.

Air : *De ma Céline, amant modeste.*

Mes chers amis, vous allez rire,
Vous allez vous moquer de moi;
Je suis amoureux, je soupire,
J'ai de nouveau donné ma foi;
Cependant de celle que j'aime

Je n'ai jamais suivi les pas,
Et s'il faut vous l'avouer même,
C'est que je ne la connais pas.

Ne croyez pas que je plaisante,
Sa plume a fait naître mes feux,
Dans ses lettres elle est charmante,
Son style me rend amoureux ;
Au sentiment, à la finesse,
Elle doit joindre mille appas,
C'est pourquoi j'y pense sans cesse
Tout en ne la connaissant pas.

Je me la figure bien faite,
Brune ou blonde, ça m'est égal,
De fort beaux yeux, pas trop coquette,
Un nez grec, un front virginal ;
Une voix douce, un air aimable,
Un pied petit, un joli bras...
Je puis bien la faire adorable
Puisque je ne la connais pas.

Pourtant une crainte m'obsède

Et trouble mes rêves d'amours,
Elle est peut-être vieille et laide,
Celle à qui je pense toujours;
Alors, illusion chérie,
Je te perdrais; ah! dans ce cas,
Tâche toujours, ma chère amie,
Que je ne te connaisse pas.

GRISONS-NOUS.

RONDE DE TABLE.

AIR : *Aux soins d'un jour incertain.*

Grisons-nous, mes chers amis,
L'ivresse
Vaut la richesse ;
Pour moi, dès que je suis gris,
Je possède tout Paris.

Le vin confond tous les rangs
Et rapproche tous les âges ;
Il rend les hommes plus francs

Et les femmes moins sauvages.
Grisons-nous, etc.

Quand on boit dès le matin,
Le soir on est tout de flamme;
Effet merveilleux du vin,
On fait la cour à sa femme.
Grisons-nous, etc.

Le Chambertin rend joyeux,
Le Nuits rend infatigable,
Le Volnais rend amoureux,
Le Champagne rend aimable!
Grisons-nous, etc.

Si l'amour rit d'un barbon,
Il est une autre victoire;
Tel est vieux près d'un tendron,
Et sera jeune pour boire!
Grisons-nous, etc.

Le plus timide en buvant

Parle de tout à la ronde,
Au dessert le moins savant
Saura gouverner le monde.
Grisons-nous, etc.

D'un trop fastueux banquet
La gaîté fuit l'étiquette !...
Mais elle entre au cabaret,
Elle couche à la guinguette.
Grisons-nous, etc.

Sur l'avenir incertain
Un roi portera sa vue,
Sans songer au lendemain,
L'ivrogne dort dans la rue.
Grisons-nous, etc.

De bouchons faisons un tas,
Et, s'il faut avoir la goutte,
Au moins que ce ne soit pas
Pour n'avoir bu qu'une goutte.
Grisons-nous, etc.

En faisant honneur au vin,
De Noé montrons-nous dignes,
S'il a planté le raisin,
C'est pour qu'on soit dans les vignes.

Grisons-nous, mes chers amis,
L'ivresse
Vaut la richesse,
Pour moi, dès que je suis gris,
Je possède tout Paris.

VOUS ÊTES TROP BÊTE.

Air : *A l'âge heureux de quatorze ans.*

Fanfan, je vous aimerais bien,
Contre vous je n'ai nul caprice;
Vous êtes gentil, j'en convien,
A votre cœur je rends justice,
Votre sourire est gracieux,
Vous avez l'air doux et honnête,
Vous avez même de grands yeux,
Mais, Fanfan, vous êtes trop bête.

Quand vous venez auprès de moi,
En me regardant d'un air tendre,
Je dis : Il veut m'offrir sa foi,
Voyons comment il va s'y prendre :
Mais vous vous dandinez bientôt;
Et, pendant tout le tête-à-tête,
D'amour vous ne soufflez pas mot...
Ah! Fanfan, vous êtes trop bête.

L'autre dimanche, aux petits jeux,
On a joué dans le bocage;
Je me dis, pour le rendre heureux,
Je vais l'appeler sous l'ombrage;
Le jeu permettait un baiser,
A le recevoir je m'apprête...
Et vous n'osez pas m'embrasser,
Ah! Fanfan, vous êtes trop bête.

Le soir, je vous dis d'un air doux :
Conduisez-moi chez la fermière;
Et, pour faire route avec nous,
Vous emmenez le petit Pierre;

Ah! ce n'est pas ainsi, vraiment,
Que vous ferez une conquête!
Je veux bien avoir un amant,
Mais, Fanfan, vous êtes trop bête.

LE CHARME D'AMOUR.

AIR : *De Théniers.*

Dans une retraite gothique
Un vieux sorcier vivait jadis;
Il était pour son art magique
Très renommé dans le pays;
Chez lui, de fort loin à la ronde,
La foule venait chaque jour;
Il n'osait pas ensorceler le monde,
Mais il vendait charme d'amour.

Il recevait la noble dame,
La bergère et le châtelain,
Il procurait tant douce flamme
Au grand seigneur, comme au vilain,

Mais il fallait, à sa magie,
Que l'acheteur crût sans retour.
L'illusion, en tout temps, dans la vie,
Ajoute au charme de l'amour.

Mais quand venait gente pucelle,
L'enchanteur point ne lui vendait;
Aux désirs de la pastourelle
Alors le sorcier répondait :
« Que feriez-vous de ma science?
Quand on réunit tour à tour
Douceur, vertu, beauté, simple innocence,
On possède charme d'amour. »

JE NE SUIS POINT AIMÉ.

Air : *Plaisirs passés.*

Adieu plaisirs, adieu douce espérance,
Séjours rians dont mon cœur fut charmé;
Ah! votre vue augmente ma souffrance,
Je dois vous fuir, je ne suis point aimé.

Le doux printemps embellit la nature,
L'oiseau redit son chant accoutumé,
Mais d'un œil froid je revois la verdure,
Tout me déplaît !... Je ne suis point aimé.

C'est par l'amour que la vie est plus chère,
C'est par l'amour que tout est animé.
Ah ! si du moins il me restait ma mère !
Dirais-je encor : « Je ne suis point aimé ! »

LE PETIT SAVOYARD.

Air : *Voilà quatre ans qu'en ce village* (de Léocadie).

Adieu, mes petits camarades,
Je ne puis partager vos jeux,
Chez nous mes parens sont malades,
Ici, tout mon temps est pour eux.
Pour oublier votre misère,
Vous allez vous amuser tous,
Moi, je travaille pour mon père...
Je suis bien plus heureux que vous...

Le matin gaîment je ramone;
Le soir je montre un sapajou;
Je ménage ce qu'on me donne
Et mets de côté sou sur sou;
Gens riches, que l'on considère,
Votre or satisfait tous vos goûts,
Mais moi, j'amasse pour mon père,
Je suis bien plus heureux que vous.

Dans des demeures magnifiques
On a besoin du Savoyard,
J'y vois de nombreux domestiques
Me toiser d'un air goguenard;
Ils se moquent de ma poussière,
Mais de leurs galons peu jaloux,
Je me dis : « Je nourris mon père,
Je suis bien plus heureux que vous. »

Toi, Joseph, avec ta sellette,
Tu comptes rester à Paris;
Pour se marier à Nanette,
André s'en retourne au pays;

Dans l'avenir chacun espère,
Le mien m'annonce un sort bien doux !
Dans un an je verrai mon père,
Je serai plus heureux que vous.

LE PEINTRE ET SON MODÈLE.

Air : *Et les devoirs de la chevalerie.*

Arrivez donc, mon aimable modèle,
J'ai mon sujet, et je vais concourir ;
Comme Vénus, vous êtes jeune et belle,
C'est elle ici que vous allez m'offrir.
Aux grands talens je veux qu'on m'assimile,
Par un chef-d'œuvre, enfin, je veux briller !...
Surtout, Rosa, vous serez bien tranquille,
Souvenez-vous que je vais travailler.

Otez ce schall, ôtez cette coiffure,
Vénus, ma chère, avait moins d'ornemens ;
Dans mon sujet elle perd sa ceinture,
Dépouillez-vous de tous vos vêtemens ;

Placez-vous là, sur ce trône fragile,
Que votre bras vous serve d'oreiller,
Surtout, Rosa, tenez-vous bien tranquille,
Souvenez-vous que je veux travailler.

Vraiment, Rosa, vous êtes ravissante!
Que de beautés, quels gracieux contours!
Le pied mignon, la jambe séduisante :
Vous êtes bien la mère des amours.
Souriez-moi, cela vous est facile,
Tous vos appas je dois les détailler...
Surtout, Rosa, tenez-vous bien tranquille,
Souvenez-vous que je veux travailler.

Mais d'où vient donc que ma main est tremblante,
Que je ne puis diriger mon pinceau?
Mon cœur palpite et ma tête est brûlante,
Je ne saurais commencer mon tableau;
Pour aujourd'hui mon génie est stérile;
Eh bien! Rosa, pourquoi te rhabiller?
Reste donc là... Je serai bien tranquille,
Figure-toi que je vais travailler.

RIEN QU'UNE FOIS.

Air : Faut l'oublier.

Rien qu'une fois, c'est peu de chose
En amitié comme en amour,
Pourtant d'un malheur sans retour
Rien qu'une fois peut être cause.
Mais aussi pour fixer son choix,
Pour rencontrer fidèle amie
Et jurer de suivre ses lois,
Il ne faut, souvent dans la vie,
Rien qu'une fois.

Rien qu'une fois fait un coupable,
Rien qu'une fois fait un heureux;
Une fois peut briser des nœuds
Et rendre un sentiment durable;
Vainement un jeune minois
En amour compte sur ses charmes,
Le plaisir est court quelquefois!...

Mais on ne verse pas des larmes
 Rien qu'une fois.

Rien qu'une fois peut satisfaire
Celui qui ne veut que de l'or;
Qu'une fois il trouve un trésor
Il n'aura plus de vœux à faire.
Mais quand l'amour, en tapinois,
Rend coupable fille jolie,
On en trouverait peu, je crois,
Qui, de l'être, n'ait eu l'envie
 Rien qu'une fois.

Rien qu'une fois ne peut suffire
Aux désirs qui brûlent mon cœur;
Quand on a connu le bonheur,
Après le bonheur on soupire.
Quoi! n'entendrai-je plus ta voix,
Toi, que j'aime, toi, que j'adore,
Je fus plus heureux autrefois...
Permets que je le sois encore
 Rien qu'une fois.

SOUVENIRS D'AUVERGNE.

Air : *Une robe légère* (de Marie).

Solitaires campagnes,
Séjour de la candeur,
Auvergne, tes montagnes
Convenaient à mon cœur.
Pour la bruyante ville,
Avec regret, je pars;
Adieu, séjour tranquille,
Adieu, bons montagnards.

J'ai vu la Roche-Blanche,
Et dans Saint-Saturnin
J'ai dansé le dimanche
Au son du tambourin;
Daus de belles prairies
J'ai vu d'heureux vieillards,
Et des filles jolies
Chez les bons montagnards.

Talende, où la nature
Mit de si frais ruisseaux,
J'ai vu ta source pure
Et tes rians coteaux;
Où s'élève un village
J'ai vu de vieux remparts!
Du passé seule image,
Qui reste aux montagnards!

L'émule de Virgile
N'était qu'un Auvergnat,
J'ai salué Delille
Au bourg de Chanonat;
J'ai, sur le Puy-de-Dôme,
Affronté les hasards,
Et dormi sous le chaume
De ses bons montagnards.

Adieu, riche Limagne,
Rives de l'Allier;
Adieu, belle montagne,
Et toit hospitalier.

Franchissant la distance,
Mon cœur et mes regards,
Souvent, en souvenance,
Verront vos montagnards.

L'AGENDA.

Air : *Vous vieillirez, ô mai belle matresse.*

Sous ces papiers, c'est toi que je retrouve,
Cher agenda que j'avais à vingt ans;
Ah! je le sens, au plaisir que j'éprouve,
Je vois en toi l'ami de mon printemps.
Sur tes feuillets examinons bien vite
Ce qu'au jeune âge, en riant, j'ai tracé;
En ce moment mon cœur encor palpite
Au souvenir de mon bonheur passé.

Fanny, Julie, Adèle, Éléonore,
Voilà vos noms! objets jadis chéris!
En les lisant, je crois vous voir encore,
De vingt beautés, alors, j'étais épris.

Mais de Rosa j'aperçois l'écriture,
C'est un serment... il est presque effacé !...
Là j'ai noté que Laure était parjure!...
Doux souvenir de mon bonheur passé.

Des rendez-vous, mainte aimable folie,
C'était alors l'emploi de chaque jour;
De mauvais vers cette feuille est remplie,
Pour Élisa j'y chantais mon amour;
Cette chanson me valut sa conquête,
Mon pied, bientôt, par le sien fut pressé;
Je fus aimé, je me crus un poète !...
Doux souvenir de mon bonheur passé.

De Rosemonde, ici, je vois l'adresse,
Que de cadeaux je lui fis recevoir!
J'avais pour elle une vive tendresse,
Elle payait mon amour en espoir;
Un soir, pourtant, j'étais reçu, peut-être,
Si mon rival ne m'avait devancé!
Mais je passai la nuit sous sa fenêtre...
Doux souvenir de mon bonheur passé!

Il reste encor plus d'une feuille blanche,
De les remplir j'ai la tentation...
Non, maintenant, si ma plume était franche,
Je détruirais plus d'une illusion !
A ces écarts de ma folle jeunesse
Ne mêlons point un regret déplacé,
Et conservons, intact à ma vieillesse,
Le souvenir de mon bonheur passé.

LE SOLDAT EN GOGUETTE.

AIR : *Trou la la*, ou AIR : *J'ai d' l'argent.*

J' suis en fonds (*bis.*)
Chantons, rions et *bouffons ;*
J' suis en fonds, (*bis.*)
En avant les carafons.

Camarad's, vous saurez donc
Que de ma tant' c'est un don,
Dix écus, ni moins, ni plus,

Qu'elle m'envoie en *quibus!*
J' suis en fonds, etc.

Sergent, caporal, et vous,
Tambours, venez avec nous,
Je voudrais, dans ce moment,
Régaler tout l' régiment.
J' suis en fonds, etc.

J'ai reçu ce boursicot
Avec un gilet d' tricot;
Pour que l' régal soit complet,
Nous mangerons le gilet.
J' suis en fonds, etc.

Si ma tant' ne m' donn' plus rien,
J'ai mon oncle, il a du bien!...
Et j'aim' trop les restaurans
Pour oublier mes parens.
J' suis en fonds, etc.

Garçons, mettez, sans retard,
Du suc' dans l'om'lette au lard;

Et soignez le bain de pied
Du p'tit verr' de l'amitié.
J' suis en fonds, etc.

On doit se battre demain,
Jurons, le verre à la main,
Pour mieux vexer l'étranger,
De tout boir' et d' tout manger.
J' suis en fonds, etc.

En guerr' le métier d' soldat
Est vraiment un bel état;
Un boulet peut nous r'lancer!
C' n'est pas la pein' d'amasser.
J' suis en fonds, etc.

Si l' canon m' sign' mon renvoi,
Camarad's, promettez-moi,
A ma santé d' boire encor,
Même après que je s'rai mort.

J' suis en fonds, (*bis.*)
Chantons, rions et *bouffons*,

J' suis en fonds, (*bis.*)
En avant les carafons.

JE N'EN SAIS PAS DAVANTAGE.

AIR *de Paris et le village.*

Hier, cueillant du réséda,
J'aperçus Colin sur l'herbette ;
Rose accourut, il l'aborda,
Puis l'emmena sous la coudrette.
Le berger, d'un air satisfait,
Attirait Rose sous l'ombrage ;
Ce qu'ils ont dit, ce qu'ils ont fait !. .
Ah ! je n'en sais pas davantage.

Lise veut un jeune mari ;
Mais sa mère, malgré ses larmes,
Fait d'un vieillard tout rabougri
Le possesseur de tant de charmes.
La pauvrette, se chagrinant,

Après un mois de mariage,
Dit : « Je suis femme maintenant...
Mais je n'en sais pas davantage. »

Blaise, au moment d'être l'époux
De la grande et sotte Colette,
Lui dit : « Çà, ma belle, entre nous,
Vous aurait-on conté fleurette ?
— Ah ! dit-elle, en baissant les yeux,
J' crois me souvenir, qu'au village,
J'avions trois petits amoureux...
Mais je n'en sais pas davantage. »

Le fils de certain grand seigneur
Avait une tête fort dure,
On lui donna maint précepteur,
On voulut forcer la nature ;
Ses maîtres le louaient beaucoup,
Et, quand ce fut un personnage,
Le jeune homme parlait de tout,
Mais n'en savait pas davantage.

On nous vante des bienheureux
Les jouissances éternelles;
On nous promet d'aller près d'eux,
Si nous sommes sages, fidelles;
Mais, ici-bas, nous ignorons
Quel est, là-haut, notre partage;
Et, tant que nous en parlerons,
Nous n'en saurons pas davantage.

LA PARTIE DE DOMINO.

Air : *En revenant de Bâle en Suisse.*

Ma chère Suzon, voici l'heure
Où nous pouvons nous mettre au jeu;
Seul avec toi, dans ma demeure,
J'aime à jouer au coin du feu.
Ce soir, je m'en vante,
Je vais, à *gogo*,
Avec ma servante,
Faire domino.

Allons, Suzon, qu'on se dépêche,
Place la lampe près de nous;
Mais surtout ménage la mêche,
Un demi-jour est bien plus doux.
Ce soir, etc.

Suzon, avec tes doigts de rose,
Il faut remuer tout cela.
— Monsieur, je vous offre la pose.
— Cela m'embarrasse déjà.
Ce soir, etc.

— Monsieur, c'est du blanc que j'avance;
Bouder ne serait pas le cas.
—Oui, mais quand je m'ouvre une chance,
Suzon ne me la ferme pas.
Ce soir, etc.

Vraiment, Suzon, quoi que je fasse,
Jamais mon pauvre as ne finit.
— Monsieur, je ne crois pas qu'il passe,
Vous avez un dez trop petit.
Ce soir, etc.

Allons, j'attaque. — Et moi, je ferme.
— Ce double blanc me plaît beaucoup.
— Surtout, Monsieur, tenez-vous ferme,
Car je vous prépare un grand coup.
Ce soir, etc.

Du six, Monsieur. — Je les abhorre;
Je n'ai jamais de ces gros-là!
— Du cinq, au moins.—Je boude encore.
— Vous ne faites plus que cela!
Ce soir, etc.

Quoi! vous n'avez ni cinq, ni quatre,
Allons, Monsieur, cherchez un peu.
—Suzon, je suis forcé d'abattre...
—Ah! que vous avez vilain jeu.
Ce soir, etc.

— Suzon, je quitte la partie;
Demain je serai plus en train.
— Ça s'ra de même, je parie,
Vous remettez tout à demain!...

Demain, je m'en vante,
Je veux, *subito*,
Avec ma servante
Faire domino.

A-T-IL MAL FAIT?

AIR : *Pourquoi pleurer* (du Concert à la Cour).

A-t-il mal fait? (*bis.*)
Ah! daignez m'éclairer, mon père,
Colin m'a dit qu'il m'adorait,
Que toujours je lui serais chère...
A-t-il mal fait? (*bis.*)

A-t-il mal fait?
Il dit que je suis la plus belle,
Que ma tournure a de l'attrait,
Qu'il est doux de m'être fidelle,
A-t-il mal fait?

A-t-il mal fait?
Colin, en me disant je t'aime,
Avec ardeur me regardait,
Puis me pressait contre lui-même...
A-t-il mal fait?

A-t-il mal fait?
Il m'a dit : Tu seras ma femme,
Notre bonheur sera parfait!
D'avance couronne ma flamme...
A-t-il mal fait?

A MADAME ***.

Air : *Simple et naïve bergerette* (du Chaperon).

Pourquoi pleurer, ô mon amie,
Quand vous avez fait mon bonheur;
Ce qui vient d'embellir ma vie
Peut-il causer votre douleur?
Pour un péché bien excusable

Cessez de baisser vos beaux yeux...
On ne saurait être coupable,
Quand on vient de faire un heureux.

Verser des larmes est folie,
D'aimer peut-on se garantir?
Pour une faute si jolie
Dieu n'a pas fait le repentir;
Votre faiblesse, je le jure,
Ne pourra qu'augmenter mes feux;
Car il n'est pas dans la nature
De vouloir cesser d'être heureux.

On créa la femme pour plaire;
Son cœur ne bat que pour aimer;
L'air à sa vie est nécessaire
Moins que le besoin de charmer;
Mais afin que son cœur abrège
Les maux que font naître ses yeux,
Elle a le plus doux privilége,
Celui de faire des heureux.

L'ARABE ET SON COURSIER.

Air d'Agnès Sorel.

Sous le ciel brûlant d'Arabie,
Loin du rivage de la mer,
Enlevant maîtresse chérie,
Olcar fuyait dans le désert.
Son coursier, à sa voix fidèle,
Pressé par lui double le pas;
Pour son maître, ardent, plein de zèle,
Vingt fois il brava le trépas.

Mais sans eau dans la plaine aride
Bientôt il leur faudra mourir,
Et la jeune amante à son guide
Se plaint déjà de trop souffrir.
Olcar, pour adoucir sa peine,
La laisse auprès de son coursier,
Et vole éperdu dans la plaine
Chercher quelque arbre nourricier.

Tandis qu'en la plaine brûlante
L'Arabe court tout affronter,
Une caravane brillante
Passe aux lieux qu'il vient de quitter.
La belle, sans trop se défendre,
Suit les pas d'un Mahométan;
Le coursier reste et veut attendre
Le pauvre Olcar qu'il aime tant.

Olcar, pour trouver une source,
En vains efforts se consumait;
Mais las! au retour de sa course,
Ne voit plus celle qu'il aimait;
Le coursier seul attend son maître,
Et, faisant un dernier effort,
Hennit dès qu'il le voit paraître,
Puis à ses côtés tombe mort.

LES ENFANS ÉGARÉS.

Air de l'Ermite de Saint-Avelle.

Dans une sombre solitude,
Deux enfans, de cinq à six ans,
Portaient avec inquiétude
Leurs regards doux et caressans.
Ils pressaient leur course légère,
Au bruit du tonnerre en courroux,
En disant : « Cherchons notre père.
Le Ciel aura pitié de nous. »

« C'est dans cette forêt profonde,
Que nous avons perdu ses pas,
Ah ! du moins s'il passait du monde,
On nous tirerait d'embarras.
— Mais dans cette forêt, mon frère,
Si nous allions trouver des loups !...

— Nous avons perdu notre père,
Le Ciel aura pitié de nous. »

« La nuit vient, je n'entends personne.
Que diront nos parens ce soir?
Comment notre mère, si bonne,
Dormira-t-elle sans nous voir?
—Marchons toujours; ce soir, j'espère
Me retrouver sur leurs genoux.
Nous avons perdu notre père,
Le Ciel aura pitié de nous. »

« Je suis las, mon frère, il me semble
Qu'il faut nous reposer aussi.
—As-tu faim?—Oh non, mais je tremble;
Il faudra donc dormir ici!...
— Ne pleure pas si fort, mon frère,
Le bon Dieu, là-haut, nous voit tous!
Nous avons perdu notre père,
Il doit avoir pitié de nous. »

En sanglotant, sous le feuillage

Les deux enfans se sont assis;
Et, malgré le bruit de l'orage,
Ils se sont pourtant endormis;
Mais, en dormant, cette prière
Se mêle à leur souffle si doux :
« Nous avons perdu notre père,
Bon Dieu, prenez pitié de nous. »

POUR ELLE OU POUR LUI.

PASTORALE.

AIR : *Mon père n'est plus le concierge*, etc.

Transports jaloux, douleur amère,
    Dépits secrets,
Venez augmenter ma colère
    Et mes regrets!
L'objet pour qui mon cœur soupire
    La nuit, le jour,
Me vit hier, sans rien me dire
    De son amour.

Auprès de quelqu'un, dans la plaine,
Je l'aperçus,
Ses yeux aux miens, malgré ma peine,
Ne parlaient plus;
Vers moi, pour calmer mes alarmes,
Loin d'accourir,
On a laissé couler mes larmes
Sans les tarir.

Je te déteste, et pour la vie,
Objet trompeur!
Porte à d'autres ta perfidie,
Reprends ton cœur!
Ce cœur qu'un autre amour engage,
N'est plus mon bien!...
Mais, moi, je ne suis pas volage,
Garde le mien.

MA PHILOSOPHIE.

Air : *Vive l'Enfer.*

Je veux toujours suivre ta loi,
Philosophie
Chérie,
Sénèque et Socrate, ma foi,
Pour modèle auraient pris, je croi,
Moi.

Je l'avoùrai, mes désirs
Sont portés aux plaisirs,
Et le travail m'ennuie;
Mais quand sans peine je peux
Contenter tous mes vœux,
Moi, j'aime assez la vie,
Je veux toujours, etc.

J'en conviens, j'aime le jeu,
La nuit, j'en fais l'aveu,

Je joûtais sans relâche;
Mais quand la chance me rit,
Quand le sort me sourit,
Jamais je ne me fâche.
Je veux toujours, etc.

Dans le monde bien des gens
Ne sont point indulgens,
Un rien les mécontente;
Mais moi, quand on applaudit
A tout ce que j'ai dit,
Je suis d'humeur charmante.
Je veux toujours, etc.

Un déjeûner de garçon
M'est offert sans façon,
Je dis : « Point de folie!
Un pâté de Périgueux,
Un poulet, du vin vieux,
Rien de plus, je vous prie.
Je veux toujours, etc.

Je vois à plus d'un couvert
Des gens fuir au dessert,
Cela n'est pas aimable!
Quand on me place au milieu,
Quand j'ai le dos au feu,
Volontiers je tiens table.
Je veux toujours, etc.

Des yeux bleus grand amateur,
Par les blondes mon cœur
Se laissa toujours prendre;
Mais qu'une belle à l'œil noir
Me dise : « Viens ce soir, »
Je ne fais pas attendre.
Je veux toujours, etc.

Mais par l'ingrate beauté
Suis-je un matin quitté,
Je m'en console vite;
Point de regrets superflus,
Dès que je n'aime plus,

J'aime autant qu'on me quitte.
Je veux toujours, etc.

L'un envîra son voisin,
L'autre est toujours chagrin,
Inquiet alarmiste;
Quand il ne me manque rien,
Quand je me porte bien,
Je ne suis jamais triste.
Je veux toujours, etc.

Celui-ci se plaint du temps,
Du froid et des autans;
Cet autre encor murmure;
Moi, jamais rien ne m'émeut;
Que m'importe s'il pleut,
Quand je suis en voiture.
Je veux toujours, etc.

Je perds un oncle chéri,
D'abord je suis marri
De cette catastrophe;

Il me laisse ses écus,
Je dis : « Ne pleurons plus,
Et soyons philosophe. »
Je veux toujours, etc.

Je veux, vieillissant ainsi,
Conserver, Dieu merci,
Cette philosophie.
Que j'aille cent ans encor,
Sans accuser le sort,
Je quitterai la vie.

Oui, toujours je suivrai ta loi,
Philosophie
Chérie,
Sénèque et Socrate, ma foi,
Pour modèle auraient pris, je croi,
Moi.

LE CHINOIS.

AIR : *Vaudeville de la Somnambule.*

Un beau matin, quittant la Chine,
Certain habitant de Pékin,
Devers la France s'achemine
En costume de mandarin ;
Fort grotesque était sa tournure,
Son abord était peu courtois,
Et chacun voyant sa figure,
Disait : Ah ! le vilain Chinois.

Pour connaître la grande ville,
Le Chinois se rend à Paris,
Il va partout d'un pas tranquille,
Et de rien ne paraît surpris;
S'occupant fort peu si sa mise
Le fait chez nous montrer aux doigts,
Il fronde tout avec franchise ;
Ah ! mon Dieu, le vilain Chinois.

Fuyant le luxe, l'étiquette
Et les salons de l'écarté,
Dans le réduit d'une grisette
Il prétend trouver la gaîté ;
Il s'étonne que le mérite
Soit sans fortune, sans emplois ;
Les sots qu'on flatte, il les évite :
Ah! mon Dieu, le vilain Chinois.

Lui fait-on quelque politesse,
Il croit qu'on est de ses amis ;
En affaire il veut que sans cesse
On tienne ce qu'on a promis ;
Il ose dire qu'une belle,
A l'époux dont elle a fait choix,
Doit pour la vie être fidelle ;
Ah! mon Dieu, le vilain Chinois.

Prétendant ne voir à la ronde
Que des gens faux et envieux,
Il parcourt de nouveau le monde,
Et nulle part n'est plus heureux ;

Il veut que l'on soit franc et sage,
Savant et modeste à la fois ;
Et chacun dit sur son passage :
Ah ! mon Dieu, le vilain Chinois.

LA RENCONTRE.

Air : *du Petit Courrier.*

C'est toi, Laure, que je revois !
Combien la rencontre m'enchante;
Voilà bientôt dix mois, méchante,
Que nous avons rompu, je crois;
Vraiment je te trouve embellie,
Et mieux qu'aux temps de nos amours;
Non, tu n'étais pas si jolie
Quand je te voyais tous les jours. (*ter.*)

Tu cours à quelque rendez-vous,
Ah ! tu dois tourner bien des têtes,
Allons, conte-moi tes conquêtes,

Et montre-moi tes billets doux ;
De mes amours je veux t'instruire,
Désormais soyons sans détours...
J'en avais moins long à te dire
Quand je te voyais tous les jours.

Entrons chez ce restaurateur,
Tu ne peux refuser, j'espère;
Ce dîner impromptu, ma chère,
Aujourd'hui me semble meilleur;
Pour que ton amant te pardonne,
Tu trouveras quelques discours!
Tu me trompais aussi, friponne,
Quand je te voyais tous les jours.

C'est bien ta bouche que voilà,
Et ton sourire plein de grâce!
Mais, Laure, il faut que je t'embrasse,
Pour mieux me rappeler cela.
Dans mes bras il faut que je presse
Cette taille, ces doux contours...
Ah! j'éprouvais bien moins d'ivresse
Quand je te voyais tous les jours.

Quoi! huit heures sonnent déjà !...
Comme le temps a passé vite !
Pourtant il faut que je te quitte,
Le hasard nous réunira.
Sans nous gêner, ma chère Laure,
De nos plaisirs suivons le cours ;
Surtout, pour nous aimer encore,
Ne nous voyons plus tous les jours.

FIN.

TABLE.

Pages.

La Bulle de Savon. 1

Je n'en suis plus à mon premier amour. 2

La Gloire et la Fortune. 4

Encore un moment. 7

La Fossette. 8

Sur la mort du peintre David. . . . 10

La Promenade à ânes. 12

Les deux Voyageurs. 15

Depuis que je ne te vois plus. . . . 16

L'Homme sans souci. 18

Le Châtelain de Béthisy. 20

Un Baiser de mon Fils. 22

Le Chevalier errant. 24

Elle était si jolie. 26

Profession de Foi. 27

Les Désirs d'un Amant. 31

Cadet Buteux au jardin Turc (Pot-Pourri.). 33

Ma Lisette, quittons-nous. 44

Plus on est d'Amis, plus on boit. . . 45

Éloge des cheveux roux. 47

La Peureuse. 49

Le Retour. 51

La Bienfaisance. 53

La Marguerite. 56

L'Amour et le Diable 58

Le Chansonnier français. 59

La Vieille de seize ans. 62

Les Esprits. 63

Le jeune Soldat. 66

Laissez-vous faire. 69

Le Berger et la Bergère. 71

Il n'est plus là. 74

Pages.

Le Sage comme il y en a tant. 75

Les Souvenirs. 76

Les Jeux innocens. 77

Il ne faut pas rêver toujours. 80

Les Synonymes. 81

Le manque de mémoire. 83

Dame Isabelle. 85

La Réunion d'été. 89

Rendez-moi mon argent. 91

Il faut aimer. 94

La Plume. 95

A mon ancienne amie. 97

Vous fâcheriez-vous? 100

La Vie d'un Particulier (Chanson qui dure soixante ans.) 101

L'Habitude. 104

Je ne suis pas encore guéri. 106

La Chaumière. 108

Le Nez. 110

	Pages.
La Couturière.	112
Les vieux Péchés.	115
Le Désir et l'Espérance.	117
La Brouette de Jeannette.	118
Pour la fête d'un Louis.	121
Les Machines.	123
La Demoiselle de quinze ans.	125
Les Cimetières (Ronde à danser.)	127
Le Chant d'un Preux.	129
Le Caporal et le Conscrit.	131
La Bonne Mère.	135
L'Amante inconnue.	137
Grisons-nous (Ronde.).	139
Vous êtes trop bête.	142
Le Charme d'amour.	144
Je ne suis point aimé.	145
Le petit Savoyard.	146
Le Peintre et son Modèle.	148
Rien qu'une fois.	150

Pages

Souvenirs d'Auvergne. 152

L'Agenda. 154

Le Soldat en goguette. 156

Je n'en sais pas davantage. 159

La partie de Domino. 161

A-t-il mal fait? 164

A Madame ***. 165

L'Arabe et son Coursier. 167

Les Enfans égarés. 169

A Elle ou à Lui. 171

Ma Philosophie. 173

Le Chinois. 178

La Rencontre. 180

FIN DE LA TABLE.

FABLE XX.

LES CHIENS AFFAMÉS.

ɴ projet insensé non-seulement ne réussit pas, mais re devient funeste.

ES Chiens aperçurent un morceau de cuir au fond e rivière; pour l'avoir : et le manger plus commodé- t, ils voulurent boire toute l'eau; mais ils cre- nt avant d'atteindre ce qu'ils désiraient.